THE WALKING DEAD E A FILOSOFIA

organizador
CHRISTOPHER ROBICHAUD

editor da série
WILLIAM IRWIN

THE WALKING DEAD E A FILOSOFIA

Tradução
Patrícia Azeredo

1ª edição

Rio de Janeiro | 2013

CIP-BRASIL. CATALOGAÇÃO NA FONTE
SINDICATO NACIONAL DOS EDITORES DE LIVROS, RJ.

I72w

Irwin, William-
The walking dead e a filosofia: espingarda, revólver e razão / William Irwin e Christopher Robichaud; tradução: Patrícia Azeredo. — Rio de Janeiro: BestSeller, 2013.
(Cultura pop)

Tradução de: The walking dead and philosophy
ISBN 978-85-7684-646-8

1. Walking dead (Programa de televisão). I. Robichaud, Christopher. II. Título.

13-1174.

CDD: 791.4572
CDU: 621.397

Texto revisado segundo o novo Acordo Ortográfico da Língua Portuguesa.

Título original norte-americano
THE WALKING DEAD AND PHILOSOPHY
Copyright © 2012 By John Wiley & Sons.
Copyright da tradução © 2013 by Editora Best Seller Ltda.

Publicado mediante acordo com John Wiley & Sons International.

Capa: Igor Campos
Editoração eletrônica: FA Studio

Todos os direitos reservados. Proibida a reprodução,
no todo ou em parte, sem autorização prévia por escrito da editora,
sejam quais forem os meios empregados.

Direitos exclusivos de publicação em língua portuguesa para o Brasil
adquiridos pela
EDITORA BEST SELLER LTDA.
Rua Argentina, 171, parte, São Cristóvão
Rio de Janeiro, RJ — 20921-380
que se reserva a propriedade literária desta tradução

Impresso no Brasil

ISBN 978-85-7684-646-8

Seja um leitor preferencial Record.
Cadastre-se e receba informações sobre nossos lançamentos
e nossas promoções.

Atendimento e venda direta ao leitor
mdireto@record.com.br ou (21) 2585-2002

SUMÁRIO

INTRODUÇÃO   7

COMO SE VIRAR NO APOCALIPSE ZUMBI

1 Optando por cair fora: A ética do suicídio em *The Walking Dead*
  Christopher Robichaud   11

2 Os infortúnios dos mortos-vivos
  Daniel P. Malloy   25

3 Desejos carnais: Sexo em *The Walking Dead*
  Ruth Tallman e Jason Southworth   39

4 Deixado para trás: É moralmente aceitável abandonar Merle Dixon?
  Lance Belluomini   57

5 Rick e Shane ainda são policiais?: A lei no mundo pós-zumbi
  Andrew Terjesen   75

COLABORADORES   95

INTRODUÇÃO

Como se virar no apocalipse zumbi

Zumbis! Parece que nunca nos cansamos deles. Existem *zombie walks*, brinquedos de zumbis e até salgadinhos de zumbis. Eles estão em jogos de tabuleiro e em videogames. Heróis e heroínas da literatura clássica lutam contra eles, e um bando de super-heróis famosos já se transformou em mortos que andam. Convenhamos, nós adoramos zumbis e nos deliciamos sempre que eles surgem com suas cabeças em decomposição (enquanto eles se deliciam com as cabeças de outros seres humanos).

E onde *The Walking Dead* se encaixa nisso tudo? Sem dúvida, no ápice da cultura popular faminta por cérebros. A série em quadrinhos está no mercado há quase uma década, e abriu caminho para o renascimento do gênero de terror vivido pela indústria da nona arte. O seriado de televisão é um grande sucesso do canal norte-americano AMC, trazendo de volta a qualidade aos programas de terror.

Porém, seu impacto vai muito além disso. O que faz *The Walking Dead* ser tão especial são as realizações em termos de narrativa. Pense em seu filme de zumbi favorito. Sei que a lista deve ser grande, mas escolha um. Agora, vamos dizer o óbvio: por ser um filme, ele tem um fim. E, por ter um fim, na verdade não há muita coisa para acontecer depois. Nós sabemos como os filmes funcionam. Os sobreviventes encontram zumbis individualmente e depois formam uma barricada para se proteger em algum lugar (uma fazenda, shopping, bar etc.), passando boa parte do tempo tentando afastar os mortos que andam e brigando entre si. Mas... Ah, não! Os zumbis furam o bloqueio! Alguns personagens morrem; outros, não; e um ou dois se transformam em zumbis. No final do filme, vemos os sobreviventes fugirem para algum lugar. E pronto.

Mas, e se não houver um fim? E se a história continuar no dia seguinte, e no dia depois daquele, e assim sucessivamente? E se a história não for sobre como sobreviver a uma ou duas noites ruins no apocalipse zumbi, mas sobre como *viver um dia de cada vez* no apocalipse zumbi? É exatamente isso que *The Walking Dead* trata: sobrevivência a longo prazo. O seriado e os quadrinhos dizem respeito à sobrevivência em um filme que nunca acaba, exceto se erros forem cometidos e todas as pessoas do grupo morrerem. *The Walking Dead* mostra, página a página, edição a edição e episódio a episódio como é viver todos os dias em um mundo invadido por cadáveres carnívoros reanimados.

E quer saber? Viver nesse mundo seria uma droga.

The Walking Dead se destaca por não ter medo de mostrar no que o ser humano se transforma quando é obrigado a enfrentar zumbis diariamente, agarrando-se a qualquer possibilidade de vida (por menor que seja) e esperando que os outros sobreviventes não sejam tão ou mais cruéis que os zumbis. *The Walking Dead* obriga o espectador/leitor a confrontar seus valores mais arraigados e a se perguntar: ainda seríamos capazes de defender esses valores em um mundo assim? O que seria permitido fazer? O que seria proibido? Sobrou *algum* limite, no fim das contas?

Essas questões são gritantes — imagine um berro assustador — para os filósofos, por serem exatamente o tipo de pergunta sobre as quais nós refletimos em vários contextos. São perguntas difíceis e com respostas desconfortáveis. Como devemos tratar os zumbis? Afinal, eles já foram humanos. Como devemos tratar uns aos outros? Alguns sobreviventes não são honestos. Que normas sociais sobrevivem a um apocalipse zumbi? A instituição do casamento certamente não vai bem quando o juiz de paz está tentando devorar você. Ainda existem leis? O distintivo e o uniforme de Rick com certeza impressionam, mas talvez eles não passem de aparência. E o mundo de zumbis foi feito para humanos viverem? O suicídio não parece algo tão insano quando crianças voltam dos mortos para tentar arrancar seu rosto com os dentes.

Pensar em tudo isso pode ajudá-lo a sobreviver ao inevitável apocalipse zumbi em nosso mundo.

1
OPTANDO POR CAIR FORA: A ÉTICA DO SUICÍDIO EM *THE WALKING DEAD*

Christopher Robichaud

Na cena de abertura do seriado *The Walking Dead*, de Robert Kirkman, baseado na série de quadrinhos do mesmo autor, o subdelegado Rick Grimes para em um posto de gasolina para tentar conseguir combustível para seu carro (no episódio *Days Gone Bye* [*Dias passados*]). Ao que parece, o mundo como todos o conheciam acabou. Rick já entendeu isso, e nós também — afinal, estamos assistindo a série por causa dos zumbis! E não leva muito tempo para que eles apareçam pela primeira vez. Voltando de mãos vazias, Rick ouve um ruído por perto. Ele sabe muito bem o que isso significa. Engatinhando, o policial olha por baixo do carro e vê as pernas de uma criança caminhando com dificuldade. Em seguida, a criança para, abaixa-se para pegar um bichinho de pelúcia e segue adiante. Rick se levanta rapidamente e tem uma reação natural, falando: "Ei, menina! Sou um policial. Não tenha medo", e tenta não assustá-la. Mas não se preocupe, isso não vai acontecer. À medida que ele se aproxima, a menina aparece de corpo inteiro e revela o que já prevíamos: ela é um zumbi grotesco, cuja boca escancarada revela dentes com aparelho. Ela vai na direção de Rick, em um ritmo que rapidamente muda de caminhada para corrida (até onde os zumbis da série podem correr). O que o subdelegado faz? Pega um revólver e, depois de apenas um segundo de pausa para registrar o peso dessa decisão, puxa o gatilho e mete uma bala na cabeça da menina zumbi.

Legal? Incrível? Longe disso. Nossa introdução ao mundo de *The Walking Dead* mostra um homem atirando na cabeça de uma garotinha. Afinal, se não o fizesse, ela rasgaria a carne dele para devorá-lo. Não é por acaso que essas foram nossas boas-vindas ao pesadelo de Kirkman. A intenção é fazer com que o público entenda, desde o início, que o mundo dele é um pesadelo eterno. O terror em *The Walking Dead* é explícito. Não são alguns zumbis putrefatos atacando Rick, sua família e o restante dos sobreviventes. Isso é apenas assustador. Não se trata de zumbis avançando a passos lentos atrás dessas pessoas, sem se cansarem, não importa aonde elas vão. Isso é somente apavorante. O terror está no fato de garotinhas virarem zumbis e precisarem levar tiros na cabeça. O terror está no fato de, após ataques incansáveis dos mortos que andam, os sobreviventes nem mesmo perceberem o quanto a situação em que se encontram é terrível — pelo menos, até o meio da segunda temporada (no episódio *Pretty Much Dead Already* [*Praticamente morto*]), quando, mais uma vez, os sobreviventes são obrigados a enfrentar o horror de tudo, em uma cena que marcou o final dessa parte da série.*

Quem gostaria de viver em um mundo assim? Ninguém com a sanidade em dia, presumo. Nem mesmo Shane, a quem Dale classificou, com perspicácia, como o único sobrevivente que se encaixa bem naquele mundo enlouquecido. Mas dizer isso é apenas reconhecer o que os sobreviventes *querem*. Nós todos iríamos querer a mesma coisa. Contudo, geralmente há uma lacuna entre o que queremos e o que temos permissão moral para fazer. Entre os vários temas difíceis sobre os quais *The Walking Dead* nos obriga a pensar, talvez o mais difícil seja o suicídio. É moralmente admissível que os sobreviventes "optem por cair fora", como eles dizem? O Dr. Edwin Jenner fez algo moralmente errado ao cometer suicídio no fim da primeira

---

* Esse episódio, exibido originalmente em novembro de 2011, foi o *midseason finale*, o último antes do tradicional intervalo entre temporadas nos Estados Unidos, e deixou os espectadores em expectativa até fevereiro de 2012. (*N. do T.*)

temporada (no episódio *TS-19*)? Jacqui estava certa ou errada ao se juntar a ele? Alguém se sentiria obrigado a continuar vivendo em um mundo tão terrível quanto o da série ou seria moralmente aceitável se matar a fim de evitar seus horrores?[1]

Suicídio sem culpa

Refletir sobre suicídio não é fácil. Muitas pessoas perderam entes queridos dessa forma. Alguns se matam porque sofrem de uma doença mental. Outros, por terem vivido um evento tão traumático que não encontraram uma forma adequada de lidar com ele. Por esses e outros motivos, o tema do suicídio deve ser abordado com sensibilidade. E a primeira coisa que devemos reconhecer é: pessoas que se matam por motivos como os descritos anteriormente não podem, de forma alguma, serem consideradas moralmente culpadas por seus atos, mesmo se tirar a própria vida for errado, como muitos acreditam.

Para entendermos o porquê disso, precisamos usar a distinção existente na filosofia entre o status moral de nossos atos e a responsabilidade moral que temos em virtude de realizar esses atos. No primeiro caso, estamos preocupados se um determinado caminho é certo ou errado em termos morais. É algo exigido de nós? É, pelo menos, algo admissível? Ou é moralmente proibido? No segundo caso, a preocupação consiste em dizer se uma pessoa deve ser condenada ou elogiada em termos morais por realizar certos atos. O importante é entender que as duas coisas podem vir separadamente. Só porque uma pessoa fez o que é certo, não significa que ela seja digna de aprovação em termos morais, e só porque uma pessoa fez algo errado, não quer dizer que seja moralmente condenável.

Veja o momento em que Rick entra em Atlanta pela primeira vez, com a vã esperança de reencontrar a esposa Lori e o filho Carl a salvos em um refúgio seguro (*Days Gone Bye* [*Dias passados*]). Obviamente, ele não encontra nada disso. Na verdade, Rick dá de cara com uma cidade tomada por zumbis. Surpreendido pela descoberta, o policial perde o cavalo e a bolsa de armas e rapidamente se vê rastejando por baixo de um tanque abandonado para escapar da horda de cadáveres reanimados. Tudo indica que ele não vai sobreviver, pois está cercado por zumbis famintos, com uma única bala no revólver. Nesse momento, ele decide usá-la em si mesmo. "Lori. Carl. Sinto muito", diz Rick, apontando a arma para a própria cabeça.

Felizmente, nessa hora ele encontra uma maneira de entrar no tanque. Mas e se não tivesse conseguido? E se tivesse puxado o gatilho? Rick teria feito algo moralmente admissível? Nossa resposta para esta pergunta virá mais tarde, mas vamos supor que seja "não". Isso significa que Rick merece levar a culpa em termos morais por ter tirado a própria vida?

Não. Mesmo se Rick tivesse feito algo errado, ele não seria moralmente responsável por fazê-lo, pois teria agido sob grande pressão. Dizer que ele não teria sido moralmente responsável pelo ato não é o mesmo que dizer que ele não teria sido responsável *de forma causal* pelo que fez. Obviamente, Rick seria responsável em termos causais por se matar, pois o próprio teria puxado o gatilho. Contudo, nós não o julgamos *moralmente* responsável devido à pressão terrível sob a qual ele se encontra ao tomar essa decisão. (Imagine o quão bem você raciocinaria se estivesse cercado por monstros prestes a rasgar sua pele e entranhas e devorá-lo.)

Somos moralmente responsáveis apenas pelas ações que realizamos livremente, e podemos realizar uma ação livremente apenas se estivermos em um estado mental adequado para pensar sobre as opções disponíveis. Do contrário, as circunstâncias e os estados mentais gerados por elas podem nos obrigar a agir. E, se formos coagidos, não somos moralmente responsáveis pelo que fazemos. Se estivermos enfrentando um perigo que ameaça nossa vida, estivermos em um estado psicologicamente deprimido ou se, apesar de todos os esforços, não conseguirmos encontrar um jeito de lidar com um trauma que não causamos a nós mesmos, então pensamos legitimamente que esses estados mentais fazem com que não sejamos responsáveis — em termos morais — por nossos atos, mesmo se acabarmos fazendo algo errado. Sendo assim, devemos reconhecer que muitas pessoas que dão fim à própria vida não podem ser culpadas por isso, mesmo que acabemos considerando que elas fizeram algo errado.

Mas e os suicídios em que as pessoas estão de plena posse das faculdades mentais? Nesses casos, é muito menos provável que a responsabilidade moral seja separada do fato da ação em si ser certa ou errada. Se julgarmos o suicídio como algo não permitido em termos morais, então, nesses casos específicos, provavelmente consideraremos a pessoa que se suicida culpada em termos morais. Algumas pessoas reconhecidamente rejeitam a possibilidade de uma reflexão calma e fria levar ao suicídio. Costuma-se dizer: "Ninguém em sã consciência se mataria." Mas isso não parece certo. Vamos começar abordando cuidadosamente a questão.

Suicídio como autossacrifício

A reflexão sugere que, apesar do que possamos pensar a princípio, existem casos em que as pessoas podem tirar a própria vida de modo razoável e moralmente aceitável. No episódio *What Lies Ahead* [*O que há à frente*], Otis dá um tiro acidental em Carl durante uma caçada. Rick e Shane correm com o menino para a fazenda, onde Hershel, que é veterinário, tenta salvar a vida do menino. O estado de saúde dele fica incerto por um bom tempo e, durante o processo, Rick é solicitado a doar sangue para o filho diversas vezes. É claro que ele não hesita em fazê-lo. E, graças a seu sangue, junto com os suprimentos médicos conseguidos por Shane — por meios reprováveis, não podemos esquecer —, a vida de Carl é salva. Viva!

No entanto, raramente as coisas funcionam tão bem no mundo do seriado (isso se considerarmos o fato de Shane ter jogado Otis em sacrifício aos zumbis como algo bom). Vamos supor que Carl precisasse de uma cirurgia mais complicada para não morrer. Hershel seria capaz de realizá-la, mas, para ter sucesso, o menino precisaria de muito sangue. E Rick tem o único tipo compatível. Está claro para o policial que ele está diante de uma escolha difícil: pode salvar a vida do filho, mas apenas dando a sua em troca. A quantidade de sangue que terá que doar para a cirurgia certamente o levará à morte.

É permitido a Rick dar sua vida para salvar a de seu filho? Fica difícil ver como a resposta poderia ser "não". Rick não tem a *obrigação* de sacrificar a própria vida, embora alguns possam pensar que estaria obrigado a isso por ser pai de Carl. Ainda assim, não é isso que estamos analisando. Nossa verdadeira questão é se é moralmente *admissível* que Rick dê todo o sangue que tem, ou pelo menos boa parte dele, para salvar a vida do filho. E aqui parece que a única resposta possível é "sim".

Por quê? Pode ser tentador se basear em um conhecido princípio moral para justificar nossa crença: a doutrina do duplo efeito.[2] Infelizmente, ela não vai nos ajudar nesse caso, mas é interessante saber o motivo. A doutrina do duplo efeito diz que é admissível realizar uma ação que sabidamente terá um efeito positivo e outro negativo, desde que certas condições sejam atendidas. Existe muita discussão entre os filósofos sobre quais seriam essas condições, mas deixaremos registradas aqui algumas sugestões populares. Primeiro, a ação deve ser realizada apenas com a intenção de obter o efeito positivo, não o negativo. O efeito negativo até pode ser previsto, mas não é a intenção final. Com a ajuda de Hershel, Rick pode continuar doando litros de sangue para a cirurgia conforme for necessário, até o ponto de morrer, apenas se a intenção for salvar a vida do filho *e* ele não tiver a intenção de morrer. Ele pode até antever sua morte, mas não tem a intenção de que ela aconteça. Segundo, o efeito positivo tem que ser pelo menos tão positivo quanto o efeito negativo é negativo. Nesse caso, o efeito positivo consiste em salvar a vida de Carl, e o negativo significa Rick perder a própria vida. Os efeitos, portanto, satisfazem essa condição. Contudo, ela seria violada caso Rick sacrificasse a própria vida para evitar que o filho perdesse o braço em vez da vida, por exemplo.

A terceira condição diz que o efeito positivo não pode ser alcançado através do efeito negativo. Assim, a vida de Carl não pode ser salva por meio da morte de Rick. A vida do menino poderia ser salva dessa forma? O que parece deixar Carl vivo é o sangue doado por Rick — com a ajuda de Hershel, é claro. O efeito negativo (a morte de Rick) não seria o fator responsável por salvar a vida do filho. O *sangue* dele salvaria o filho, não a morte. Até aí, tudo bem. Mas existe uma quarta condição, dizendo que a ação em si, independente do contexto, deve ser moralmente boa ou, pelo menos, moralmente neutra. A ação de Rick é moralmente boa ou neutra em si? Estamos prestes a esbarrar em um dos maiores problemas da doutrina do duplo efeito, porque nossa resposta vai depender de como descrevemos o que Rick está fazendo. Até agora estamos falando de uma ação (Rick doar sangue) e dois efeitos (a morte de Rick e a sobrevivência de Carl). Se isso estiver correto, então o fato de Rick doar seu sangue pode — talvez — ser visto como moralmente neutro em si. É improvável, mas existe uma preocupação maior que essa. Afinal, o fato de Rick doar o último litro de sangue — o que o levará à morte — *é o mesmo* que se matar. Sugerir o contrário seria apenas brincar com as palavras. Porém, se isso é verdade, então estamos com problemas, porque a única forma de satisfazer a quarta condição do princípio é defender que se matar é algo moralmente bom ou neutro em si. E, obviamente, não é.

A essa altura, precisamos ter muito cuidado para distinguir entre uma ação ser boa, ruim ou neutra por um lado, e uma ação ser obrigatória, proibida ou admissível por outro. Essas são diferentes formas de avaliar ações em termos morais, que se cruzam de várias maneiras. Tirar a própria vida, independente do contexto, parece ser algo ruim, mas pode ser admissível.

É por isso que a doutrina do duplo efeito não serve para nós. A fim de justificar nosso veredito de que o sacrifício de Rick para salvar Carl é aceitável seria preciso defender que o fato de doar o último litro de sangue é bem diferente de se matar, ou defender que se matar é moralmente bom ou neutro em si. Nenhuma dessas abordagens é exatamente atraente.[3]

Kant, consequências e o ato de se matar

Então, como defender nosso veredito que considera moralmente admissível o suicídio de Rick para salvar a vida de Carl? Em vez de vir com uma linha positiva de raciocínio para nossa conclusão, podemos apenas dispensar quaisquer argumentos contra a posição. Temos um caso em que um pai, que tem a capacidade de pensar com clareza (vamos supor que Lori garanta que Rick não aja de modo imprudente), decide sacrificar a própria vida em prol da vida do filho. O pai está agindo livremente e uma vida está sendo salva. Se não houver qualquer mudança no cenário, vemos esse ato como "inocente até que se prove o contrário" — o sacrifício de Rick é moralmente admissível, a menos que sejam descobertos bons motivos para que ele não o faça.

E esses motivos existem? Muitas tradições de fé se opõem fortemente ao suicídio. Curiosamente, elas nem sempre se opõem a autossacrifícios desse tipo — mesmo que seja uma forma de suicídio, como já vimos. Apesar de tudo, devemos tentar procurar motivos que não dependam de religiões, pois nem todos compartilham da mesma fé. Vamos recorrer a Immanuel Kant (1724-1804), um dos maiores filósofos que já existiu. Em sua clássica obra sobre ética, *Fundamentação da metafísica dos costumes*, ele argumentou que todos os princípios morais específicos são, em última instância, baseados em um único princípio moral, o Imperativo Categórico, que, de acordo com uma das formulações mais populares, diz que devemos tratar as pessoas como fins em si, e nunca apenas como meios. Muita tinta já foi gasta analisando exatamente o que isso significa. No entanto, o mais importante é que, segundo Kant, o Imperativo Categórico resultava em uma proibição contra o suicídio de qualquer tipo.

E tão importante quanto isso é o fato de poucos filósofos além de Kant pensarem que seu princípio moral básico lhe dá esse resultado. Veja o motivo: uma das melhores formas de explicar o que significa não tratar a pessoa apenas como meio (que é a parte relevante do Imperativo Categórico para nosso objetivo), consiste em dizer que não podemos usar uma pessoa sem o consentimento dela. Isso parece absolutamente correto. Entretanto, é preciso ser claro quanto ao que significa esse conceito. Por exemplo, não uso uma balconista de loja como um *mero* meio para comprar itens, embora certamente eu a use como um meio, pois ela presumivelmente consentiu em ser usada dessa maneira, sem dúvida em troca de um salário. Eu uso a balconista apenas como um mero meio caso roube algo dela, pois não lhe darei a oportunidade de consentir em me dar o que quero dela. Tendo isso em mente, para Kant é necessário que uma pessoa use a si mesma apenas como um mero meio quando se mata, mas é difícil imaginar como isso funcionaria. Estamos analisando situações em que a pessoa tem conhecimento suficiente para dar consentimento aos próprios atos. Voltando ao caso que tomamos como exemplo, Rick sabe exatamente o que está em jogo e está em uma posição capaz de escolher livremente. Essas são as condições necessárias para o consentimento. Se ele tirar a própria vida para salvar a do filho, estará tratando a si mesmo como um meio, mas, é importante dizer, não apenas como um mero meio.

Portanto, parece que Kant não dá um bom motivo para mudar o veredito que considera o sacrifício de Rick admissível. Outra forma de abordagem é pensar como um consequencialista. Os filósofos dessa vertente pensam que o status moral das ações é determinado pelo quanto elas maximizam os efeitos positivos e minimizam os negativos. Pode-se argumentar plausivelmente que manter a vida de Rick trará mais efeitos positivos do que manter a de seu filho. Sem dúvida, o policial pode fazer mais para manter o resto dos sobreviventes vivos, pelo menos a curto prazo. Se isso é correto, então não é permitido a Rick sacrificar-se para salvar a vida do filho.

Porém, devemos seguir a intuição de Dale e rejeitar a linha de pensamento consequencialista. Ao falar sobre a busca pela filha de Carol, Sophia, em *What Lies Ahead* [*O que há à frente*], ele diz: "Cedo ou tarde, se ela não for encontrada, as pessoas vão começar a pensar. Eu quero evitar ao máximo o argumento sobre as necessidades de muitos em relação às necessidades de poucos." Por quê? Porque essa linha de raciocínio geralmente chega a conclusões morais extremamente desagradáveis. Voltando ao caso em análise, é importante enfatizar que um consequencialista diria que Rick estaria obrigado — *obrigado* — a *não* salvar a vida do filho caso seja melhor para o grupo o policial permanecer vivo. Como a ação envolve autossacrifício, talvez alguns de nós possamos concordar. No entanto, note o tipo de compromisso que esse raciocínio envolve: significaria que Rick e Lori *nunca* terão permissão para colocar os interesses do filho acima dos interesses do grupo, se a decisão não for feita em nome do interesse de todos. Está aí algo que não parece certo. Como pais de Carl, eles têm algumas obrigações em relação ao filho que não têm com qualquer outra pessoa.

O suicídio como forma de evitar o sofrimento

Do jeito que a situação está, obviamente não existem bons motivos para desconfiar de nosso veredito que diz que é permitido a Rick cometer suicídio assistido a fim de salvar a vida do filho. Até aí tudo bem, mas nem todos os candidatos a suicídio em *The Walking Dead* se encontram em uma situação em que salvariam outra pessoa ao fazê-lo. A maioria das pessoas — Andrea, Jacqui e o Dr. Jenner, por exemplo — deseja se matar simplesmente por não querer mais enfrentar os horrores daquele mundo. Nenhuma vida está sendo salva. Há apenas morte.

O suicídio ainda é admissível se alguém decidir calma e friamente fazê-lo de modo a não sofrer ainda mais? Aqui, muitas pessoas batem o pé e dizem "não". Acabar com a própria vida por esse motivo é, às vezes, descrito como fraqueza ou egoísmo. Além de tais caracterizações inúteis, certamente há algo a ser dito contra quem se mata apenas para evitar o sofrimento. Afinal, embora nossas vidas estejam repletas dele, para a maioria de nós, ela não está repleta de sofrimento o tempo todo. Também existe uma série de prazeres a serem apreciados. O simples fato de sofrer enquanto existem prazeres não parece justificar que alguém tire a própria vida. A maioria de nós não admite que uma pessoa se mate por não querer fazer um tratamento de canal, por exemplo. Talvez se adotarmos a visão de certos filósofos pessimistas, como Arthur Schopenhauer (1788-1860), poderemos ver o mundo como ele: um lugar onde o sofrimento é a norma dominante e a felicidade, sua breve suspensão. Isso pode muito bem descrever o mundo da série, mas também pode impressionar, pelo menos em certos aspectos, por não ser uma descrição precisa da natureza de nosso mundo.

Ainda assim, parece haver algo de interessante em defender a existência de ocasiões em que se matar para evitar sofrer ainda mais é moralmente admissível. Uma forma útil de analisar tudo isso é levar em conta uma difícil questão: se uma vida vale ou não a pena ser vivida. A menos que consideremos que uma vida valha a pena — não importa o quanto seja sofrida —, devemos admitir também que algumas vidas chegam a um ponto em que seguir adiante levará apenas a um sofrimento intenso, com pouco ou nenhum prazer. Muitos pacientes com doenças terminais enfrentam essa terrível realidade, a ponto de deliberar calma e friamente sobre as questões anteriormente citadas, e nós mesmos nos convencemos que suas decisões não são influenciadas por fatores como não querer ser um fardo financeiro para as famílias. Assim, geralmente simpatizamos com a ideia de que pacientes terminais devem ter permissão para tirar a própria vida — ou seja, consideramos que seria algo admissível. E os motivos citados por nós envolvem a qualidade de vida. A existência dessas pessoas vira um fardo tão grande que não vale mais a pena suportar a vida. Esses indivíduos estão em uma situação na qual as circunstâncias apenas pioram e não há qualquer perspectiva de melhora. Essa é uma forma de entender o que significa para um indivíduo acreditar que não vale mais a pena viver.

Os sobreviventes em *The Walking Dead* têm uma vida assim? Não, definitivamente não. Porém, se eles forem mordidos por um zumbi e sobreviverem (temporariamente), é outra história. Deixando isso de lado, contudo, para muitos deles existem oportunidades contínuas de vivenciar prazeres na vida, como rir, conversar, caçar, fazer sexo ou criar um filho. Comparado ao sofrimento que associamos aos pacientes que enfrentam certas doenças terminais, os sobreviventes ainda têm uma vida que vale a pena ser vivida.[4]

O suicídio como forma de evitar a desintegração moral

Contudo, não devemos pensar que isso encerra o assunto. Os sobreviventes do seriado enfrentam um tipo de horror bem diferente do que costumamos associar a certas doenças terminais, envolvendo a possibilidade de sofrimento psicológico significativo, mas, de certa forma, sendo até pior. Os sobreviventes enfrentam a possibilidade concreta de desintegração moral.

Vamos relembrar a primeira cena do seriado. Somos apresentados a um mundo onde garotinhas viraram monstros que precisam ser mortos com um tiro na cabeça. Dessa forma, já de início percebemos que viver em um mundo assim cobra um preço *moral* dos sobreviventes. Eles começam a raciocinar de modo diferente sobre o que é certo e errado. Coisas que seriam consideradas injustas antes do apocalipse zumbi agora são postas em prática, como acontece no episódio *Guts* [*Entranhas*], em que os personagens se cobrem de restos humanos e deixam um homem algemado e indefeso no alto de um prédio.[5] E a situação só piora. Muito. Os fãs que conhecem os quadrinhos sabem de antemão que os sobreviventes correm um risco sempre presente de virarem monstros.

Pelo menos, é assim que vemos: ficamos tentados a dizer que eles estão perdendo a humanidade. Porém, isso não captura exatamente o horror da situação, apenas sugere que os sobreviventes regridem e passam a raciocinar como animais. Mas não é só isso. Os animais não parecem deliberar sobre o que deve e não deve ser feito em termos morais. No mundo do seriado e dos quadrinhos, a desintegração moral não significa que os sobreviventes perderam esse tipo de raciocínio, e sim que o raciocínio se transforma em algo irreconhecível para eles e para nós. É uma mudança total das normas morais — uma tábua de valores totalmente nova, como descreveu o famoso filósofo alemão Friedrich Nietzsche (1844-1900). E esse novo conjunto de normas — os valores que devem ser adotados — são compreensivelmente vistos por muitos como selvagens e grotescos.

É plausível que personagens como o Dr. Jenner, Jacqui e Andrea considerassem essas mudanças de valores como o resultado inevitável de viver em um mundo dominado por zumbis e tenham decidido que preferiam morrer a viver governados por essa nova moral. O Dr. Jenner, devido à sua profissão, estava em condições de saber o escopo do apocalipse zumbi e a probabilidade de os humanos o superarem. Se ele concluísse, como parece ter feito, que há poucas chances de a humanidade vencer, especialmente a curto prazo, então ele e os outros se viam diante de uma escolha. Eles poderiam se matar e manter a moral intacta ou poderiam viver em um mundo em que serão obrigados a adotar um conjunto de valores que, por ser algo monstruoso, era irreconhecível para eles. Usando nosso raciocínio moral, é admissível que eles se matem nessas condições?

Parece que sim. Pensamos nos valores morais como parte essencial de nossa identidade. Assim, consideramos uma ameaça a esses valores como sendo tão grave quanto algo que ameace nossa própria vida. Em outras palavras, levamos nossos valores muito a sério. A possibilidade de enfrentar um processo longo e trágico de ter as normas morais retiradas à força e substituídas por outras, que consideramos monstruosas segundo nossa perspectiva atual, é absolutamente assustadora. Ao enfrentar essa realidade, não parece tão inadmissível assim "optar por cair fora" e manter as normas intactas, em vez de "optar por permanecer" e perder a identidade à medida que perdemos também os próprios valores. É uma escolha terrível, porque significa decidir o que vale mais: a vida ou os valores de uma pessoa — o que já é um julgamento de valor em si. Porém, se consideramos admissível que as pessoas lutem em guerras para defender valores — colocando a vida em risco a fim de proteger certas normas morais e políticas —, então, é difícil ver por que não seria admissível permitir que uma pessoa se mate a fim de evitar viver uma vida que certamente irá roubar-lhe seus valores.

No seriado, até agora apenas Jacqui e o Dr. Jenner acabaram se suicidando. Se eles raciocinaram como sugerimos, então o fizeram de modo admissível e sem culpa em termos morais. Quando Jenner dá a Rick e aos outros sobreviventes uma oportunidade de fugir do CDC, o policial agradece pela oportunidade. "Vai chegar o dia em que você não vai me agradecer", respondeu Jenner. A verdade é que ele tem razão.[6]

NOTAS

1. O próprio Robert Kirkman disse que se mataria caso ocorresse um apocalipse zumbi. http://insidetv.ew.com/2011/07/22/the-walking-dead-season-2-trailer-is-here/ (em inglês).

2. O Capítulo 2, "Os infortúnios dos mortos-vivos", de Daniel Malloy, também aborda esse princípio moral.

3. Se você estiver interessado em explorar a literatura filosófica sobre a doutrina do duplo efeito, um bom lugar para começar é o verbete de Alison McIntyre, "The Doctrine of Double Effect", na *Stanford Encyclopedia of Philosophy*, editada por Edward N. Zalta. Em http://plato.stanford.edu/entries/double-effect/ (em inglês).

4. Existe uma indagação adicional sobre se é admissível colocar crianças nesse mundo. Ver o Capítulo 3, "Desejos carnais: Sexo em *The Walking Dead*", de Ruth Tallman e Jason Southworth para encontrar uma discussão sobre o assunto.

5. Para saber mais sobre Merle, ver o Capítulo 4, "Deixado para trás: É moralmente aceitável abandonar Merle Dixon?", de Lance Belluomini.

6. A reflexão filosófica sobre o suicídio não é nova, ela ocorre desde a Antiguidade. Se você gostaria de se aprofundar mais nessas questões, um bom lugar para começar é pelos estoicos. Ver o verbete de Dirk Baltzly, "Stoicism", na *Stanford Encyclopedia of Philosophy*, de Edward N. Zalta (editor). Em http://plato.stanford.edu/entries/stoicism (em inglês).

2

OS INFORTÚNIOS DOS MORTOS-VIVOS

Daniel P. Malloy

Graças a *The Walking Dead* e obras similares, já ficou absolutamente claro que existe uma série de questões em que precisamos pensar a fim de nos prepararmos para o apocalipse zumbi. Precisamos tomar providências em relação a coisas como alimentos e água, defesas e também possíveis vacinas ou curas. Tudo isso importa, e é melhor começar a pensar nisso desde já. Por outro lado, existem algumas questões levantadas pelos cadáveres reanimados[1] em que devemos pensar agora, apenas pelo fato de que não teremos tempo — ou disposição — para pensar nelas depois. Essas perguntas são exatamente as que fascinam os filósofos.

Por exemplo, depois do surgimento dos mortos que andam, os que sobreviverem ao massacre inicial provavelmente não terão problemas em ferir ou destruir zumbis novamente. E, como *The Walking Dead* ilustra, uma boa quantidade de pessoas também não terá problemas em ferir ou destruir umas às outras. Não teremos tempo para discutir os aspectos mais detalhados da destruição dos zumbis — como, por exemplo, se colocar uma bala na cabeça de um zumbi pode ser considerado assassinato ou se destruir um morto-vivo incapacitado pode ser considerado legítima defesa. Talvez alguns questionem a relação entre o cadáver zumbificado de uma pessoa e a pessoa propriamente dita — perguntando-se, por exemplo, se os zumbis no celeiro de Hershel são, de alguma forma, os seres humanos que um dia foram — mas, se perdermos muito tempo pensando nisso, outros podem acabar se fazendo as mesmas perguntas a nosso respeito.

Então, vamos dedicar algum tempo agora para pensar nesse tipo de questão — supondo, é claro, que você já reservou algum tempo para montar seu estoque de armas, munições, alimentos enlatados e água mineral. Se não o fez, pare tudo e faça isso agora. Pode ir, eu espero. Prometo que vou estar aqui quando você voltar. Preparou tudo? Ótimo! Agora, vamos fazer uma pausa (enquanto ainda podemos) e pensar um pouco.

O duplo efeito de matar o zumbi São Tomás de Aquino

Matar uma pessoa é errado. Geralmente todo mundo concorda com isso. Mas, às vezes, matar alguém não significa que se cometeu um assassinato. Em algumas ocasiões, matar uma pessoa é moralmente admissível. Mas e zumbis? Matar zumbis significa assassinar pessoas? Logo de cara existem dois problemas com a pergunta: primeiro, parece que zumbis não podem ser *mortos*, não importa se isso é admissível ou não, pois já estão mortos; segundo, não está claro se zumbis podem ser considerados como pessoas.

Porém, antes que possamos nos preocupar com essas questões, devemos reconhecer que existem argumentos razoáveis a favor de despachar zumbis — mesmo que isso signifique matá-los e mesmo se eles forem pessoas. O motivo é que, acima de tudo, zumbis são perigosos. Se cadáveres reanimados começassem a apenas andar por aí, sem jamais ferir alguém, haveriam algumas inconveniências (imagine o fedor!), mas isso não levaria ao fim da civilização. No mundo de *The Walking Dead*, os zumbis não só cheiram mal, como representam uma ameaça à existência humana. Assim, na maioria das situações, matar zumbis se justifica como legítima defesa. As pessoas têm o direito de defender a si e aos outros de danos graves e, ao fazê-lo, às vezes é preciso matar. Então, se eu destruir um zumbi, sou provavelmente inocente em termos morais, mesmo que fazer isso signifique matar uma pessoa, pois estou defendendo a mim ou a alguém.

Isso parece correto, porque zumbis sempre são uma ameaça em potencial. Mas e quanto à pessoa sentada a seu lado no ônibus ou em pé atrás de você na fila do supermercado? Ela também não é uma ameaça em potencial? Afinal, qualquer um pode ter uma arma ou uma bomba. No mínimo, algum dia ela pode vir a se tornar um zumbi. O mesmo se aplica a praticamente qualquer pessoa que você encontre. O procedimento mais seguro, então, não seria simplesmente se livrar de todos?

Antes de pegar um tijolo e começar a eliminar possíveis zumbis,[2] leve em consideração duas questões sobre a ética da legítima defesa. Primeiro, ela não se aplica a ameaças em potencial. Você não pode sair por aí matando todos os que talvez, algum dia, lhe farão mal. A legítima defesa se aplica apenas aos casos em que você ou outra pessoa esteja em perigo imediato. Possíveis danos justificam uma atitude cautelosa, não um surto de matança. Além disso, antes de meter aquele tijolo na cabeça de seu companheiro de viagem no ônibus é importante determinar qual é seu objetivo ao fazê-lo. Se você espancar desconhecidos até a morte em um ônibus, fica difícil acreditar que sua principal preocupação consiste em se defender. Por outro lado, é fácil acreditar que a legítima defesa é a primeira coisa que passa pela sua cabeça se alguém avança em sua direção com uma faca e você o atinge com um tijolo. A doutrina do duplo efeito vem sendo usada para explicar por que é admissível ferir outra pessoa em alguns casos, mesmo que isso signifique matá-la.

Formulada por São Tomás de Aquino (1225-1274), a doutrina do duplo efeito (DDE) começa reconhecendo que uma ação realizada com boas intenções pode ter mais de um efeito, e que alguns podem ser positivos e outros, negativos. Por exemplo, o ato de comer frango frito (essa não é uma boa imagem para se associar a zumbis, eu sei) tem vários efeitos. Ele alimenta quem o come, dá a este a sensação de prazer e (potencialmente) aumenta o colesterol e a pressão sanguínea. Os dois primeiros efeitos são positivos. E o último? Nem tanto. Mas, sinceramente, a maioria das pessoas que come frango frito não o faz com a intenção de aumentar as chances de ter um ataque cardíaco. Assim, uma ação (comer frango frito) feita com boa intenção (comer algo delicioso a fim de se alimentar) resulta tanto em efeitos positivos quanto negativos. Entretanto, o fato de comer frango frito ter consequências negativas previsíveis, embora não intencionais, não significa que as pessoas não devam comer essa iguaria. De acordo com a DDE, não há problema algum em comer frango frito, desde que as seguintes afirmações sejam verdadeiras: você está buscando apenas os efeitos positivos, ainda que preveja os negativos; os efeitos negativos não são meios para obter os efeitos positivos, e os efeitos positivos são positivos pelo menos tanto quanto os negativos são negativos. Quando se trata de comer frango frito, as primeiras duas condições obviamente são atendidas. Já a última se mostra um pouco mais complicada. Se estivermos famintos e tivermos apenas frango frito para comer, então o lado positivo de nos alimentar é, pelo menos, tão positivo quanto os riscos à saúde são negativos. No entanto, se houver várias opções para comer que nos alimentariam sem tantos riscos, então não está tão claro que não há problema em comer frango frito, pelo menos de acordo com o raciocínio da DDE.

Quando se trata de assassinar alguém, a DDE diz que matar para se defender é moralmente admissível, desde que as condições anteriormente mencionadas sejam atendidas. Imagine que você tome uma droga que lhe cause alucinações e faça com que você me persiga pela rua brandindo uma picareta com o intuito de me matar. Como você está prestes a me atingir com esse instrumento, eu consigo uma faca, dou um golpe com ela e, posteriormente, seus ferimentos se revelam fatais. De acordo com a DDE, tenho uma justificativa para fazê-lo. Eu o esfaqueei com o intuito de salvar minha vida, prevendo a probabilidade de sua morte, mas sem a intenção de matá-lo. Sua morte também não foi um meio para salvar minha vida. (Eu não precisava que você morresse, precisava apenas pará-lo. Os ferimentos não precisavam ser fatais para eu conseguir isso.) E o lado positivo da minha vida ter sido salva é pelo menos tão positivo quanto o lado negativo de sua vida ser perdida é negativo. Sendo assim, eu tinha justificativa para me defender, mesmo que isso tenha significado matá-lo.

No caso de zumbis, praticamente não há duvidas que, de acordo com a DDE, somos inocentados em termos morais ao exterminá-los, o que justifica agirmos em legítima defesa contra eles. Porém, a questão fica um pouco mais complicada com os zumbis que não estão nos atacando. Imagine que haja um grupo de zumbis escondidos em um espaço confinado. Não há qualquer possibilidade de eles saírem nem motivo para que você entre; assim, eles não representam ameaça. Essas são as condições em que a "família" de zumbis de Hershel vivia. Destruí-los seria moralmente admissível? Apelar para a legítima defesa não ajudaria nesse caso, pois não estaríamos salvando ninguém. Estamos cogitando uma situação em que nossas vidas não estão em perigo. Mas talvez ainda tenhamos justificativa para matar zumbis que não nos ameacem se isso não lhes fizer mal. Parece plausível que, se não pudermos fazer mal aos zumbis, não poderemos prejudicá-los e, portanto, temos permissão para matá-los, estejam eles nos ameaçando ou não.

O zumbi Epicuro sofreu algum mal?

É possível fazer mal a zumbis? Responder a esta pergunta nos obriga a pensar se zumbis podem ser mortos, pois geralmente pensamos que matar algo significa fazer-lhe mal (mesmo também achando que, às vezes, isso é admissível). Porém, parece que não se pode matar um zumbi, pelo mesmo motivo pelo qual não se pode matar uma pedra: nenhum dos dois está vivo. Dito isto, existem diferenças importantes entre zumbis e pedras. Zumbis não são conhecidos pela velocidade ou agilidade, mas são atletas olímpicos quando comparados a pedras. Os cadáveres reanimados podem não estar vivos, mas isso não os impede de sair andando por aí. Então, precisamos reconhecer que, embora os mortos-vivos estejam, na verdade, mortos, eles também andam — ou mancam, e, em alguns casos, rastejam. O fato de conseguirem fazer tudo isso e por um bom tempo significa que devemos distinguir zumbis de outras coisas mortas. Eles não estão exatamente mortos, apenas são desprovidos de vitalidade. Os mortos-vivos são, na verdade, os "quase vivos". E, se são quase vivos, podemos falar de modo lógico sobre quase matá-los, isto é: despachá-los de um jeito que os leve a não fazer mais coisas como andar, perseguir pessoas e mastigar carne humana.

Assim, tirar a quase vida de um zumbi significa fazer mal a ele? Para responder a esta pergunta, vamos, primeiro, pensar por que matar organismos lhes faz mal. Precisamos distinguir entre a morte entendida como um processo e a morte entendida como o estado de não estar mais vivo. As pessoas morrem por várias causas terríveis. O câncer mata — e outras pessoas também. O processo de ser morto, que geralmente se sobrepõe ao processo de morrer, obviamente causa mal a quem morre devido à dor envolvida, entre outros motivos. Porém, a dor é a única coisa que faz mal a quem está morrendo? Algumas pessoas morrem instantaneamente, de modo indolor. Então, elas não sofreram mal algum? Parece que, até em situações como essas, sofre-se algum mal, porque a morte — entendida agora como o estado de não estar vivo em vez do processo que leva a esse estado — é um mal em si, e bem grave. Assim, um organismo vivo pode sofrer mal não só por vivenciar o processo de morrer como por ter sido colocado no estado de morte. E matar é visto como algo que faz mal porque, entre outras coisas, deixa as pessoas nesse estado.

Mas o estado de morte é ruim em si? Sofrerei algum mal por me encontrar nesse estado? Alguns filósofos pensam que a resposta é não. Na verdade, essa visão já existe e vem sendo defendida há mais de 2 mil anos. O primeiro a apresentá-la foi o filósofo grego Epicuro (341-270 a.C.). Como o próprio diz em *Carta a Meneceu*: "Então, o mais terrível de todos os males, a morte, não significa nada para nós, justamente porque, quando estamos vivos, é a morte que não está presente; ao contrário, quando a morte está presente, nós é que não estamos."[3] Aqui, Epicuro apresenta, em sua forma mais sucinta, o que é comumente chamado de "o problema do sujeito". Para que qualquer mal exista é preciso haver um sujeito vivenciando aquele mal. Não há mal se não houver alguém que o sofra. No entanto, como a morte é justamente a extinção do sujeito, logo não pode haver mal algum nela. Se isso for verdade, então as pessoas não sofrem mal ao serem postas no estado de morte — visto que não há ninguém para ser colocado em tal estado. Seguindo essa linha de raciocínio, no mundo de *The Walking Dead*, podemos concluir que o fim da quase vida de um zumbi não lhe faz mal. O processo de matar zumbis não lhes causa mal de forma plausível, já que eles não parecem sentir dor e o estado de morte em si não lhes faz mal, pois não faz mal a ninguém em última instância. Portanto, estamos livres para exterminá-los à vontade.

Infelizmente, existem dois problemas na posição epicurista. Primeiro, ela é bastante contraintuitiva (e o próprio Epicuro reconhece isso). Ele chama a morte de "o mais terrível de todos os males", mas depois argumenta que não se trata de um mal. O segundo e mais preocupante problema dessa posição é que subentendemos que não só não há problema em matar zumbis, como também não há problema em matar pessoas de forma intencional e contra a vontade delas, desde que o processo em si não lhes cause mal. Se uma pessoa faz algo errado apenas causando mal, isso significa que outras mortes (que classificaríamos como assassinatos) acabam sendo admissíveis, porque eles "apenas" causam a morte, que não é um mal.

Devido a esses problemas, nos últimos anos, os filósofos vêm argumentando que a morte causa mal a quem morre. Joel Feinberg (1926-2004) explicou como a morte é um mal, mesmo que elimine o sujeito desse mal.[4] O relato de Feinberg se baseia no conceito de interesses. Como pessoas, todos nós temos interesses. Ter um interesse em algo deve ser entendido como ter algo em jogo, significando que esse interesse pode afetar positiva ou negativamente nosso bem-estar geral, podendo nos deixar em situação melhor ou pior. Temos interesse em fazer exercícios físicos, porque eles contribuem positivamente para nosso bem-estar geral. Observe que podemos ter interesse em coisas que não desejamos. Por exemplo, pode ser de nosso interesse fazer exercícios físicos diariamente, mesmo se não quisermos. Feinberg categoriza os interesses como relacionados a nós, aos outros ou à sociedade. Alguém que se dedica a aprender a tocar teremim ou a falar klingon tem um interesse relacionado a si mesmo ao fazê-lo. É do interesse dessa pessoa aprender as habilidades citadas, porque ela acredita estar melhor com esse conhecimento do que sem ele. (Em muitos casos, estaremos melhor se percebermos os objetivos que definimos, para que então sejam de nosso interesse.) Os pais têm interesse relacionado aos outros na saúde e no bem-estar dos filhos. Isso significa que um pai está em uma situação melhor ou pior de acordo com a situação dos filhos. E todos nós temos interesse em viver em uma democracia, porque, para nós, estamos em situação melhor ao fazê-lo do que estaríamos se vivêssemos, por exemplo, em um regime totalitário.

Para Feinberg, alguns de nossos interesses se perdem com a morte (obviamente), mas outros não (algo não tão óbvio). Vamos falar disso em breve. Primeiro, vamos nos concentrar no fato de que a morte leva pelo menos alguns de nossos interesses. De acordo com essa visão, esse é exatamente o motivo que faz da morte em si um mal: ela nos furta de nossos interesses — o que é apenas outra forma de dizer que a morte leva embora todas as coisas que nos deixariam em situação melhor. Ao fazê-lo, a morte nos deixa em situação pior do que estávamos, e é por isso que ela pode ser vista como um mal em si. Essa compreensão sobre o mal da morte também explica por que consideramos pior quando uma pessoa "parte antes da hora". Não significa que Amy ou Judith estejam mais mortas que Donna ou a esposa de Dale, ou que ficaram mortas por mais tempo, e sim que, por Amy e Judith serem mais jovens que as outras duas, tiveram mais interesses frustrados. Portanto, morrer quando elas morreram foi pior para elas do que para Donna ou para a esposa de Dale.

Mas e os zumbis? Como isso se aplica a eles? Os mortos que andam não geram interesses simplesmente porque não têm o tipo de vida mental sofisticada que Feinberg considera necessária para ter interesses. Sendo assim, é tentador concluir que não há problema em matar zumbis, mesmo que eles não sejam uma ameaça, pois não sofrerão mal algum com a morte. Sem interesses, não há nada de bom na quase vida (ou mesmo na vida). Assim, por esse raciocínio, "matar" um zumbi não lhe faz mal. Extermine-os à vontade.

O cadáver de Donna e Donna zumbi

Entretanto, antes de sacar a machadinha, vamos pensar um pouco mais sobre interesses. De acordo com Feinberg, alguns interesses que as pessoas têm podem ser frustrados *até mesmo após a morte*. Em outras palavras, é possível fazer mal a alguém mesmo após essa pessoa estar morta. Então, talvez seja melhor fazer uma pausa antes de cravar o machado na cabeça daquele zumbi e pensar que, ao fazer mal a um cadáver reanimado, você também pode estar fazendo mal à pessoa cujo cadáver agora faz parte da horda dos mortos-vivos.

Em *Fédon*, Sócrates está prestes a ser executado quando seu melhor e mais antigo amigo, Críton, pergunta o que ele gostaria que fosse feito após sua morte. Brincando, Sócrates diz que Críton deveria tratá-lo "como quiserdes (...) basta que segureis de verdade e que eu não vos escape".[5] Da perspectiva do filósofo, a pergunta não fazia sentido — ele não era o mesmo que seu corpo e, uma vez que o corpo estivesse morto, ele não tinha mais interesse naquele pedaço de carne. Isso continuaria sendo verdadeiro não importa o que acontecesse ao corpo — fosse cremado, enterrado ou talvez até voltasse à vida e começasse a andar arrastando os pés e tentando morder pessoas por aí. Para Sócrates, tanto faz.

Muitas pessoas falam como Sócrates ao discutir planos pós-morte, mas nem todos acreditam no que dizem. Está tudo bem quando estão discutindo cremação ou enterro, mas mencione a possibilidade de ceder seus cadáveres a canibais ou necrófilos ou exibi-los em uma das exposições *O fantástico corpo humano*, de Gunther von Hagen, e subitamente essas pessoas outrora indiferentes passam a se importar com algo que há poucos segundos não lhes dizia respeito. Essa característica do comportamento humano indica uma esquisitice em nossa maneira de pensar. Geralmente, afirmamos que não somos afetados pelo que acontece com nosso corpo após a morte — e que não há nem como fazê-lo. Se alguém vandalizar seu túmulo, poderá aborrecer seus amigos e parentes, mas dificilmente podemos dizer que essa ação lhe faria algum mal. Você está além de tudo isso. E ainda assim parece haver formas bem reais de fazer mal aos mortos. Isso ocorre porque pensamos que eles podem ser prejudicados e, como sugerimos anteriormente, prejudicar alguém é fazer mal a essa pessoa. Por exemplo, se alguém deixa um testamento dizendo que seus filhos devem receber uma determinada porcentagem da herança e, em vez de cumpri-lo, o executor doa todo o dinheiro para instituições de caridade, ele claramente fez algo errado. Podemos ficar tentados a dizer que os herdeiros foram os prejudicados, mas o prejuízo permanece mesmo se a pessoa morta tivesse tentado deixar a herança para seus animais de estimação ou para uma organização de caridade diferente da que foi contemplada. A pessoa morta foi prejudicada. Mas, se é assim, ela sofreu algum mal?

Talvez. Feinberg, pegando emprestada uma ideia do filósofo contemporâneo George Pitcher, faz uma distinção entre a pessoa *ante-mortem* e *post-mortem*.[6] A pessoa *ante-mortem* representa quem ela é antes de morrer, enquanto a pessoa *post-mortem* representa quem ela é após morrer. A pessoa *post-mortem* não tem interesses, diferente da pessoa *ante-mortem*. O mais importante é que, quando um indivíduo muda de pessoa *ante-mortem* para *post-mortem*, a pessoa *ante-mortem* não perde seus interesses. Nesse sentido, os interesses das pessoas "sobrevivem" à morte. Por exemplo, o interesse relacionado aos outros de Amy em relação ao bem-estar de sua irmã mais velha, Andrea, não acaba simplesmente porque ela morre. Seu desejo e sua capacidade de ver a vida de Andrea se desenrolar morrem, mas eles não são a mesma coisa.

Por que ver as coisas dessa forma? Vamos supor que Patricia começasse a espalhar boatos sobre Rick, dizendo que ele traía Lori. Além disso, vamos supor também que Rick jamais descubra. Patricia fez algum mal a Rick? Dado que o policial tem interesse em sua boa reputação e as mentiras de Patricia danificam essa reputação, parece que ela causou mal a ele — tudo sem Rick saber. Para Pitcher e Feinberg, o caso se compara ao mal feito a alguém por meio de eventos que ocorrem após a morte deste. Em ambos os casos, fazemos uma distinção entre o mal e ter conhecimento daquele mal, e, de acordo com Pitcher e Feinberg, admitimos que o mal seja possível sem o conhecimento.

Em resposta a essa alegação, críticos como Ernest Partridge argumentaram que há uma diferença significativa entre mentir pelas costas de Rick e profanar seu túmulo. Se Rick está morto, alega Partridge, então os interesses dele também estão, ponto final. Isso ocorre porque um interesse está amarrado a um desejo. Retire o desejo e o interesse some. Como a pessoa *ante-mortem* não está mais desejando, ela é incapaz de manter interesses. E, obviamente, a pessoa *post-mortem* não tem desejos. Assim, com a morte, não há sujeito adequado a ter interesses e, portanto, mortos não podem sofrer mal algum.

Feinberg responde às críticas apelando para a distinção feita por W.D. Ross (1877-1971) entre realização e satisfação do desejo. A realização do desejo ocorre quando alguma situação acontece. Já a satisfação do desejo, por sua vez, descreve a sensação que uma pessoa tem ao perceber que um desejo foi realizado. Por exemplo, pense na lista de presentes de Natal feita por uma criança. Podemos argumentar que os desejos representados pela lista foram realizados no momento em que alguém compra os itens com a intenção de dá-los à criança. Porém, a criança só vivencia a satisfação do desejo quando abre os presentes na noite de Natal. Segundo Feinberg, a morte retira a possibilidade de satisfazer desejos, mas não de realizá-los. Além disso, negar o desejo de alguém porque a pessoa agora está morta significa prejudicar seus interesses. Do contrário, últimos desejos, testamentos ou heranças não fariam o menor sentido — afinal, por que fazer tais documentos se não há obrigação moral de respeitá-los?

Partridge responde que pode haver uma obrigação, mas não uma dívida com a pessoa morta.[7] Em vez disso, a obrigação de honrar os mortos é uma dívida com as gerações futuras e com a sociedade como um todo. Ao respeitar os desejos dos falecidos, damos um exemplo aos outros. Quanto maior a probabilidade de os últimos desejos de alguém serem respeitados, menos a pessoa tem que se preocupar com isso. Então, por exemplo, ao deixar o moribundo Jim sozinho para morrer e virar zumbi, o bando não estava fazendo algo para ele propriamente dito. Assim que Jim estivesse morto, eles teriam todo o direito de cravar uma machadinha em seu crânio.

Mas fazê-lo criaria um precedente negativo e estimularia qualquer pessoa a desconsiderar os desejos dos mortos no futuro — como o desejo manifestado por Allen de que alguém cuide de seus filhos.

Existe também outro problema com a explicação de Pitcher e Feinberg. Se cravar uma machadinha na cabeça do Jim zumbi causa mal ao Jim *ante-mortem*, quando exatamente isso acontece? Não podemos dizer que o Jim *ante-mortem* sofre algum mal quando a machadinha acerta a cabeça do Jim zumbi, porque o Jim *ante-mortem* não existe mais. Por outro lado, não podemos dizer que Jim sofreu algum mal antes de morrer por um evento que ocorreu depois da morte — isso significaria que um efeito (o mal) aconteceu antes de sua causa (a machadinha na cabeça do Jim zumbi). Isso seria retrocausalidade, que entra em conflito com tudo o que sabemos sobre o funcionamento do mundo. Pitcher e Feinberg respondem a essa preocupação argumentando que sofremos um mal quando qualquer interesse que será prejudicado após morrermos se transforma em nosso interesse. Por exemplo, imagine que uma escritora tenha feito o maior romance norte-americano de todos os tempos, mas morreu antes de publicá-lo. Outra pessoa acha o manuscrito e o publica com o próprio nome, assumindo o crédito pelo trabalho da autora morta. De acordo com Pitcher e Feinberg, o ato do plagiador "faz ser verdadeiro" que a autora sofrera um mal assim que começara a escrever o livro. Se isso for verdade, todos nós estamos andando por aí sofrendo males de vários tipos sem saber. Não há nada que possamos fazer para mudar o mal que estamos sofrendo ou qualquer forma de saber que mal é esse. O único jeito de evitar algum tipo de mal póstumo é não tendo interesse algum. Mas, para isso, teríamos que ser zumbis.

NOTAS

1. Pela presença deles, é claro — não pelos cadáveres propriamente ditos. Eles geralmente estão ocupados gemendo ameaçadoramente para fazer perguntas.

2. Ou alertar as autoridades a meu respeito. Eu juro que estava só apresentando uma ideia!

3. Epicuro, *Carta a Meneceu*, tradução baseada na edição de Arrighetti. Epicuro, *Opere*. Torino, 1973. ©2007 CEFA e Portal Brasileiro da Filosofia. Obtido em http://ghiraldelli.files.wordpress.com/2008/07/epicuro1_1.pdf.

4. Thomas Nagel, "Death", *Mortal Questions* (Nova York: Cambridge University Press, 1979) 4-10; e Joel Feinberg, "Death and Posthumous Harms", *Harm to Others* (Nova York: Oxford University Press, 1984).

5. Platão, *Fédon*. Versão para e-book (eBooksBrasil.com, 2001).

6. George Pitcher, "The Misfortunes of the Dead", *American Philosophical Quarterly* 21 (1984) 183–188.

7. Ernest Partridge, "Posthumous Interests and Posthumous Respect", *Ethics*, 91 (1981) 243-264.

3

DESEJOS CARNAIS: SEXO EM *THE WALKING DEAD*

Ruth Tallman e Jason Southworth

Se você estiver lendo este livro (e obviamente está), então sabe que *The Walking Dead* é muito mais do que uma história em quadrinhos de zumbis — é quase uma novela. É claro que existem ataques dos zumbis que vagueiam e se escondem por aí, além das hordas de mortos-vivos, mas o que faz você ficar doido para ler a próxima edição são os relacionamentos, sejam familiares, de amizade ou românticos. E queremos sempre nos concentrar nessa última categoria, porque... bem, porque é mais sexy. Aliás, já que tocamos no assunto, tem muito sexo em *The Walking Dead*. Além disso, boa parte das relações sexuais na obra é tradicionalmente considerada ilícita: sexo entre adolescentes, sexo fora do casamento, adultério, transas de uma noite só, sexo oral espontâneo em ginásios, romances entre pessoas com grande diferença de idade e por aí vai. Parece que cada quadrinho da revista tem um novo casal se formando e indo direto para a cama. Algumas pessoas podem ver isso como prova do declínio moral em um mundo infestado por zumbis. Se toda essa pegação é realmente imoral, então a atividade carnal representa outro sintoma da decadência dos personagens rumo à selvageria. Contudo, entender o comportamento deles dessa forma parece simplificar exageradamente o que acontece em vários dos relacionamentos.

Vamos dar uma olhada em alguns dos pares sexuais específicos dos quadrinhos de *The Walking Dead* para ver a que conclusões podemos chegar sobre eles e, consequentemente, sobre o mundo em que vivemos.

Nem velho demais, nem lento demais: Romance e diferença de idade

Um dos primeiros casais não tradicionais que vemos nos quadrinhos é formado por Dale e Andrea. Quando o vemos pela primeira vez, Dale acabou de ficar viúvo após um casamento de 40 anos, pois a esposa morreu nos primeiros dias do apocalipse zumbi. Embora não tenhamos ideia da idade exata de Dale, sabemos que ele se aposentou vários anos antes do ataque, então podemos dizer que ele é bem velho (minhas desculpas a qualquer aposentado idoso que posso ter ofendido com esse comentário). Andrea, sua parceira/amante/quase esposa, estava em seu primeiro emprego como auxiliar em um escritório de advocacia pouco tempo antes de os zumbis surgirem, o que a deixa na casa dos 20 e poucos anos. Fazendo uma conta rápida, podemos ver que ela é jovem o bastante para ser neta dele — exatamente o tipo de observação que tende a ser repetido em tom de reprovação em casos como esse.

A reação da colega sobrevivente Donna ao relacionamento entre Dale e Andrea é típica do que se espera no mundo real. Ela é grosseira e não aprova o fato de Dale morar com Andrea e Amy (em um relacionamento aparentemente platônico, àquela altura), descrevendo o arranjo como "não cristão".[1] Sua mensagem é clara: há algo errado quando duas pessoas de idades tão diferentes formam um casal. Mas por quê? Por assumirmos que alguém está sendo explorado de alguma forma? Esse parece um bom motivo para condenar um relacionamento, mas não funciona no caso que estamos analisando.

Andrea admitiu para Rick que inicialmente não se sentia atraída por Dale, alegando que ela e sua irmã flertaram com o aposentado para que ele as deixasse ficar em seu trailer e que, após a morte de Amy, o luto a jogou nos braços dele. Porém, se Andrea estava se beneficiando da facilidade do trailer de Dale e do conforto de sua presença, obviamente Dale também saía ganhando. Além de fazer sexo com uma jovem atraente, ele também tinha companhia e uma fuga da solidão que sentia desde a morte da esposa. Em vez de um estar se aproveitando do outro, parece que o relacionamento era benéfico para ambos desde o início, deixando os dois mais felizes do que antes.

Ao longo do tempo, esse relacionamento mutuamente benéfico se transformou em amor verdadeiro. Enquanto Dale espera a morte depois de ser mordido por um zumbi, Andrea diz:

> Eu te amo tanto. Você é minha vida. É tudo que eu sempre quis num homem. Sinto muito se fiz alguma coisa que desse a entender o contrário, fazendo você pensar que não levei nosso relacionamento a sério. Você não é velho demais, nem lento demais, você é perfeito. Eu estarei aqui quando você morrer, com você, até o último momento, quer goste ou não.[2]

Alguém aí exigiria algo mais de um relacionamento?

No fim das contas, a diferença de idade não importou para Dale e Andrea, e, com o tempo, Donna acabou se dando conta disso, dizendo ao marido Allen (oito anos mais novo do que ela): "É tão bom ver alguém *feliz* no meio de tudo isso que está acontecendo."[3] A desaprovação inicial de Donna sumiu quando ela percebeu que não havia motivo algum para condenar um relacionamento entre pessoas com idades bem diferentes. Na verdade, depois que os pais de Billy e Ben morreram, Dale e Andrea foram considerados o casal mais adequado para proteger e dar uma criação estável aos gêmeos. Contudo, se Dale e Andrea vivessem em nosso mundo, seu romance nada tradicional provavelmente continuaria a enfrentar oposição, deixando-nos com a difícil pergunta: por que os sobreviventes do ataque zumbi estão mais dispostos a aceitar esse relacionamento não tradicional do que as pessoas do mundo real?

Segurança atrás das grades da convenção

Uma forma de entender a aceitação dos personagens de *The Walking Dead* em relação às práticas sexuais não tradicionais consiste em considerar o poder que a estrutura social tem sobre nosso comportamento. Um tema importante ao longo da série é a luta dos personagens para continuarem sendo boas pessoas mesmo sem a estrutura da sociedade civil. O temor de perder a humanidade, agora que os controles da civilização se foram, demonstra o quanto confiamos na sociedade para dizer como devemos nos comportar. Ao observar quais aspectos da moralidade pré-zumbis eles acham importante manter e quais ficam felizes em abandonar, podemos aprender quais regras sociais existem por motivos morais e quais são mais bem entendidas como arbitrárias ou meras convenções.

Algumas normas do convívio social têm explicações claras. Proibir uma pessoa de fazer mal intencionalmente a outra é necessário para criar uma sensação de segurança e proteger os fracos da dominação imposta pelos fortes. Sanções contra o roubo são necessárias a fim de proteger a propriedade privada, algo que a maioria das pessoas considera um direito básico. Como resultado, vemos regras que reforçam esse tipo de comportamento sendo aplicadas há muito tempo e em vários lugares.[4] Contudo, boa parte das outras regras sociais parece um tanto arbitrária. Um biquíni deixa mais à mostra do que certos sutiãs e calcinhas, e, mesmo assim, biquínis são aceitos em vários locais públicos em boa parte do mundo (como praias e piscinas), enquanto andar na rua de sutiã e calcinha definitivamente não encontra a mesma aceitação. Comer vacas e porcos é amplamente visto como aceitável em termos morais, mas comer cavalos e cães não tem o mesmo apoio, mesmo que a capacidade cognitiva e o limiar de dor desses animais sejam bem parecidos.

O sexo é, provavelmente, a área em que as convenções arbitrárias se disfarçam de moralidade com maior frequência. Algumas regras sexuais têm raciocínios bastante claros por trás delas. O estupro, por exemplo, é proibido pelo mesmo motivo que outras formas de agressão física. Condena-se o sexo com menores de idade com base na crença de que as crianças são incapazes de consentir o ato. Porém, na maioria das proibições sexuais, fica difícil explicar por que exatamente elas não são aceitas, desde que os envolvidos nas atividades estejam de acordo com elas. Se a moralidade diz respeito a regras racionais de convivência social, então atividades que não causam mal à sociedade ou a qualquer um de seus integrantes são lícitas. Contudo, os humanos são criaturas muito preocupadas com a opinião alheia, e a convenção social tende a nos manter no devido lugar, mesmo quando não há motivos claros para que uma convenção exista. O temor de ser julgado como "devasso" impede muitos indivíduos de agir movidos pelo impulso sexual e estimula outros a esconder sua atividade sexual, bem como se envergonhar do próprio comportamento.

Um dos desenvolvimentos mais interessantes em *The Walking Dead* é a percepção gradual dos personagens de que a antiga ordem mundial se foi. A sociedade desapareceu e levou suas convenções junto com ela. Para os sobreviventes, essa percepção foi estimulada pela destruição total do mundo em que viviam, mas nós já vimos períodos similares de mudanças relativamente rápidas nas convenções de nosso mundo. Tanto na década de 1860 quanto na de 1960, em boa parte devido a alguns líderes carismáticos com voz ativa, as crenças sociais a respeito do status dos afro-americanos passou por uma rápida alteração nos Estados Unidos. Quando se percebe que as crenças antigas e convencionais não têm qualquer base racional, a mudança de atitude pode se espalhar rapidamente. Infelizmente, fazer todo um país embarcar na onda pode ser um pouco difícil, especialmente se houver uma revolta social grave. Pense em uma mudança de convenções que está ocorrendo agora nos Estados Unidos: enquanto muitos de nós percebemos que não há nada de errado no comportamento homossexual em termos morais, o mesmo tipo de desaprovação irracional e enraizada que vimos em Donna no início da série continua ocorrendo em diversas áreas do país. Vale notar que existem dois casais homossexuais em *The Walking Dead* — Dexter e Andrew, e Eric e Aaron —, e nenhum dos personagens vê nada de errado nisso. Talvez uma infestação de zumbis fosse bem-vinda, afinal!

Enquanto avaliam suas crenças e valores diante do apocalipse, nossos protagonistas parecem reconhecer intuitivamente a diferença entre moralidade e convenção. Enquanto sofrem para continuar sendo "pessoas boas" nessa nova e desoladora realidade, personagens como Dale e Andrea aproveitam a oportunidade para rejeitar as convenções sexuais que serviam para evitar que eles agissem de determinadas formas. Agora, vamos dar uma olhada em outros romances da série para ilustrar a destruição das convenções sexuais simultânea à manutenção da moralidade.

Vida de agonia: Sexo durante o luto

A moralidade sexual convencional exige que uma quantidade de tempo suficiente se passe após a morte de um cônjuge (ou outro ente querido) antes de se envolver em atividades sexuais. Aparentemente, a capacidade de vivenciar algum tipo de prazer sexual é vista como sinal de falta de consideração pela pessoa morta. Obviamente, ninguém que tenha acompanhado Rick desde o primeiro número dos quadrinhos poderia negar que ele amava muito Lori. Contudo, pouco tempo após a morte da esposa, Rick está na cama com Jessie — apenas alguns dias depois de ter matado o marido dela! Apesar do luto que sentia pela morte da esposa, ele não se arrepende de sua decisão de dormir com Jessie. Olhando com tristeza para o telefone que representa a fraca ligação com Lori, ele diz: "Você nem mesmo é real."[5]

Nós sabemos que Michonne ainda está de luto pela morte do namorado, com quem eventualmente fala quando está sozinha. Mesmo assim, ela não perdeu tempo em fazer sexo oral em Tyreese quando os dois mal se conheciam e enquanto ele ainda estava em um relacionamento com Carol. Os dois rapidamente viraram um casal bem próximo, parecendo se gostar muito, e Michonne não demonstrou sentir qualquer conflito ao fazer sexo com Morgan pouco depois da morte de Tyreese. Nem teve paciência para o remorso dele após o encontro, dizendo: "Sua esposa não se importa com o que a gente fez."[6] Nós a vemos de luto pelos amantes mortos, então o comportamento dela não pode ser explicado apenas como falta de consideração pelos homens com quem teve relacionamentos. Michonne parece entender a impossibilidade das ações de uma pessoa magoarem quem já morreu, e que os mortos não podem ter sentimentos ou opiniões sobre as atividades dos vivos.

Após perceber o absurdo de supor que novos encontros sexuais devem ser evitados em nome dos mortos,[7] sobram apenas os vivos, e Michonne já passou da fase de se importar com o que os vizinhos pensam sobre o comportamento sexual dela. Não levou muito tempo para Morgan aderir ao ponto de vista de Michonne e revelar: "Sinto saudade da minha esposa e ainda não superei a morte dela... Mas, às vezes, eu me sinto muito sozinho e só quero estar com alguém... E isso não faz com que eu seja má pessoa."[8] Sem o peso do julgamento das convenções sociais nas costas, Michonne e Morgan são capazes de encontrar conforto nos braços um do outro, sem deixar de sentir saudade dos entes queridos que já se foram.

Eu, tu e ela formamos um poliamor

Com todos os horrores do apocalipse zumbi, uma consequência positiva foi ter permitido que muitos dos sobreviventes enxergassem o mundo sem as cortinas das convenções sociais. De acordo com a sociedade atual, as únicas opções são ser solteiro ou ter um relacionamento. No entanto, Carol analisa a própria situação e vê a possibilidade de benefício mútuo ao entrar em um relacionamento polígamo com Rick e Lori. Carol entende que o benefício de formar um relacionamento familiar em vez de uma simples amizade é maior, pois o conceito de família parece criar um laço mais forte e, em tempos apocalípticos, esse tipo de ligação é fundamental.

Três adultos comprometidos uns com os outros e com a criação de seus três filhos serão mais unidos do que a dinâmica existente até então, de dois adultos/duas crianças e um adulto/uma criança. Os três podem dar amor e apoio uns aos outros e aos filhos, e, se um deles morrer, restarão dois para cuidar do restante do grupo. Esse tipo de relacionamento provavelmente seria impensável aos sobreviventes antes do ataque, mas, já que as antigas regras não existem mais, fica mais fácil criar novas formulações para antigas ideias.

Contudo, sabemos que tanto Rick quanto Lori rejeitaram os avanços de Carol. Um dos motivos da recusa pode ser porque a relação entre Rick e Lori é anterior ao surgimento dos zumbis. As regras do casamento deles ainda se baseiam nas convenções que existiam no início do relacionamento, e nenhum deles está interessado em reescrever essas regras. Psicologicamente, isso faz sentido — manter uma sensação de continuidade com o passado seria reconfortante —, e a situação atual deles é melhor que a de Carol. Afinal, se o casal já sente um nível suficiente de conforto e segurança dentro da estrutura familiar que tem, por que se dar o trabalho de acrescentar novos integrantes que podem acabar piorando a dinâmica familiar?

No fim das contas, o importante é que Rick e Lori não aceitaram a sugestão de Carol. O consentimento é uma das regras morais com base racional forte o bastante para suportar a destruição da sociedade. O desejo humano de ser livre para escolher o próprio destino proíbe obrigar os outros a se dobrar à vontade de alguém. Livre das expectativas convencionais, podemos viver como acharmos melhor, mas, se levarmos outros na viagem, eles devem ir voluntariamente. O sexo não consensual é o único que vemos ser condenado com a mesma ferocidade tanto em *The Walking Dead* quanto no mundo real, e essa condenação, bem como o respeito que vemos os personagens mostrarem quando seus avanços são rejeitados, indica uma compreensão da diferença entre convenção e moralidade. Eles se importam em ser boas pessoas, o que eles não se importam é em aderir a padrões artificiais de "decência".

"Um tipo de besteira política": Adultério em um casamento aberto

O adultério é provavelmente o comportamento sexual com maior probabilidade de ser condenado até por pessoas de mente mais aberta. Porém, quando olhamos para o mundo de *The Walking Dead*, vemos em Douglas e Regina outra instância de um relacionamento não tradicional que, ainda assim, parece ser forte e carinhoso. Enquanto dá em cima de Andrea, Douglas descreve seu casamento como "político", dando a entender que finge não se importar com Regina enquanto dorme com a cidade inteira, e ela finge não saber o que ele está aprontando. Aparentemente, contudo, Regina sabe exatamente o que o marido está fazendo. Outros integrantes da pequena comunidade falam casualmente das traições de Douglas, sugerindo que se trata de um segredo pessimamente guardado. Regina tem uma inteligência digna de respeito, então não podemos supor que ela não esteja ciente dos atos do marido. Ainda assim, vemos os dois saindo pela cidade de braços dados e testemunhamos o profundo luto de Douglas após a morte dela. Obviamente, apesar do que disse Andrea, Douglas amava muito a esposa.

Novamente, vemos que, embora a sociedade diga que homens com o comportamento de Douglas são terríveis, que suas esposas são vítimas e seus casamentos são trágicos e sem amor, isso nem sempre acontece. A infidelidade realmente costuma levar à dor e à tristeza, mas isso ocorre devido a fatores não intrínsecos ao sexo em si. Richard Wasserstrom é famoso (tudo bem, famoso no mundo da filosofia, uma boa forma de dizer que ele é totalmente desconhecido para quem não é do ramo) por argumentar que existem situações em que o adultério é moralmente admissível. Seu método consiste em analisar o que vemos como errado nos casos de adultério e que, segundo ele, podem ser resumidos a dois fatores isolados: enganação e quebra de promessas — que são fatos errados sempre, não apenas em casos de adultério.[9]

Pense no caso amoroso de Abraham com Holly enquanto ele estava em um relacionamento com Rosita. Abraham e Holly mantinham a relação em segredo e, por isso, Rosita ficou arrasada quando descobriu, sentindo-se traída pelo homem que amava. O problema não é o sexo com Holly, e sim o fato de Abraham tê-la enganado quanto ao sexo. Compare isso com o casamento de Douglas e Regina. Ela parece ter total conhecimento do comportamento do marido e, até onde sabemos, eles tiveram uma conversa que deixou a situação bem clara, exatamente como Wasserstrom recomenda.

Alguns de vocês certamente estão preocupados por não sabermos ao certo se Regina consentiu com esse acordo ou, mesmo se tiver consentido, que o tenha feito apenas devido às características coercivas da situação em que estava. Embora seja verdade que não sabemos ao certo em relação a esse caso, isso não é incomum — estamos em um estado similar de incerteza sobre todos os relacionamentos à nossa volta, exceto o nosso. Se estivéssemos lidando com um exemplo da vida real, poderíamos simplesmente perguntar a Regina se ela consentiu, e se você for Andrea em uma situação semelhante e estiver interessada na proposta, parece algo razoável a se fazer. Como não podemos falar com ela, somos obrigados a deduzir com as evidências que temos. Como Regina é inteligente, está a par do que acontece na cidade, e, obviamente, é capaz de criticar Douglas quando acha que ele está errado,[10] parece mais do que razoável supor que ela consentiu.

Quanto à segunda preocupação, a de que as características da situação a teriam forçado a consentir com o adultério; se houve alguma coerção ilegítima, então a traição de Douglas é moralmente inadmissível. Porém, considerando os fatos sobre Regina que acabamos de discutir, não parece correto classificá-la como vítima. Além disso, vale notar que sempre há a possibilidade de consentimento forçado em um relacionamento: se Regina pode ser coagida a consentir com um casamento aberto para estar com o homem que ama, outros podem ser e são coagidos a dar consentimento à monogamia pelo mesmo motivo. O consentimento forçado é um problema, mas o consentimento livre a um casamento aberto parece aceitável. As regras conjugais de Douglas e Regina podem não agradar a todos, mas, se funciona para eles, quem somos nós para julgar?

Contudo, é importante observar que, embora cometa adultério, Douglas ainda cumpre regras de moralidade. Ele deixa seus desejos bem claros para Andrea, mas não usa o considerável poder que tem na comunidade a fim de coagi-la a concordar com seus desejos após ela o ter rejeitado. Como os outros protagonistas da série, Douglas reconhece no consentimento um aspecto de conduta sexual que é uma questão de moralidade, em vez de mera convenção.

"Eu não recusaria nada a essa altura": Relacionamentos casuais

Patricia e Axel, Lori e Shane, Carol e Billy, Michonne e Tyreese, Glenn e Maggie... Embora alguns desses casais tenham se transformado em relacionamentos ou possuam outras complicações associadas a eles, não há falta de sexo apenas pelo sexo em *The Walking Dead*. Glenn é bastante franco quanto a seus desejos, dizendo a Maggie: "Quero fazer sexo pelo menos mais algumas vezes antes de morrer",[11] e Axel explica seu encontro com Patricia da seguinte forma: "Eu não recusaria nada a essa altura."[12] Embora os personagens possam até se espantar quando flagram colegas sobreviventes em pleno coito, eles não parecem julgar negativamente os encontros. Alice conta despreocupadamente que não pensa coisa alguma sobre o momento de paixão de Axel com Patricia, garantindo que só quer verificar os curativos dele.[13]

Embora boa parte do estigma de se envolver em relacionamentos casuais durante a juventude já tenha desaparecido em nossa sociedade, muitas pessoas, especialmente as mulheres, ainda sentem que precisam proteger a reputação mantendo tais casos em segredo e sentindo-se envergonhadas caso suas atividades sejam descobertas. Além disso, espera-se que esses namoricos sejam restritos ao âmbito da experimentação juvenil, pois pessoas que ainda se envolvem em sexo sem compromisso na casa dos 30 anos são consideradas sem muito valor e dignas de pena pela sociedade educada (leia-se: sexualmente inibida).

Porém, para esse julgamento ser adequado, precisaremos de um motivo para encontrar algo errado com o sexo casual. O principal argumento contra o sexo casual é que alguém está se aproveitado de uma das partes — geralmente da mulher —, que acaba usada e descartada, sem jamais merecer respeito ou ser tratada como um indivíduo pleno. Vamos começar a rebater esse argumento ao abordar o componente sexista.[14] Não há nenhum problema em mulheres se permitirem ser objeto de uso no sexo casual. Geralmente, coloca-se ênfase no ato da penetração como o que diferencia as mulheres dos homens. Segundo o argumento popular, a penetração física leva à penetração emocional e, assim, as mulheres são afetadas pelo sexo, especialmente pelo sexo casual, de forma diferente dos homens. Você provavelmente já percebeu, mas essa linha de raciocínio está errada de duas maneiras. Em primeiro lugar, mulheres não são as únicas que podem ser penetradas como parte do ato sexual. Além disso, a suposição de que o sexo sem compromisso necessariamente tem um efeito danoso às mulheres é empiricamente falsa. Os homens podem ser afetados emocionalmente pelo sexo, e as mulheres podem instigar o sexo casual — Maggie e Michonne estão aí para demonstrar isso. Se alguém foi usado nos casos que elas iniciaram, teriam sido seus parceiros do sexo masculino. Isso nos leva de volta ao cerne da questão: não parece haver alguém se aproveitando de outra pessoa em relacionamentos causais. Algum mal foi feito a Maggie? E a Glenn? Certamente o sexo casual pode fazer mal a alguém (da mesma forma que o sexo com compromisso), e essas instâncias em particular (comprometido e casual) são *problemáticas* em termos morais. No entanto, não parece haver qualquer aspecto inerentemente nocivo no sexo casual.

Além disso, aparentemente, não há motivo para pensar que o sexo apenas por prazer com um parceiro (que concorde com o ato) seja vergonhoso ou digno de pena. Entretanto, a sociedade insiste em atribuir um estigma a isso — um estigma do qual os sobreviventes da série escaparam por estarem livres da sociedade e, ao que tudo indica, estão melhores assim.

Também é bom lembrar que o casal favorito de muitos leitores, Glenn e Maggie, iniciou o relacionamento com sexo casual, por meio da cantada nada romântica de Maggie: "Tudo bem, eu vou dar para você. Se é o que você quer, vamos trepar." Em vez de admitir alguma atração específica por Glenn, Maggie explica que não encontra homens disponíveis há meses e "(...) não há muitas opções de escolha. Tenho que ser proativa... Ou vou acabar sozinha".[15] A partir desse início cheio de classe, Maggie e Glenn acabaram criando uma relação carinhosa, que resiste à morte de toda a família de Maggie. Glenn continua ao lado dela durante a depressão e uma tentativa de suicídio e, juntos, eles se comprometem a criar Sophia quando a mãe da menina morre. De certa forma, eles são o casal mais tradicional da série. Além disso, são os únicos que acham importante formalizar a relação através do casamento — e, ainda assim, são os mais ativos sexualmente.

"As pessoas vêm dando à luz por milhares de anos": Procriação

Passamos muito tempo argumentando a favor de práticas sexuais tradicionalmente rejeitadas, mas *The Walking Dead* também fornece um caso interessante na direção oposta, no que diz respeito a ter filhos. Tradicionalmente, a procriação é muito valorizada na sociedade, ao ponto de darmos parabéns quando um casal anuncia a gravidez. O desejo de ter uma prole biológica é tão forte que a tecnologia reprodutiva virou uma indústria de bilhões de dólares. O mesmo acontece na série. Quando Rick e Lori anunciam que esta está grávida, todos no acampamento se alegram e dão os parabéns. Apenas Dale tem dúvidas, mas ele não está preocupado com a gravidez em si. Ele pensa que Rick não fez as contas para perceber que, provavelmente, não é o pai da criança.[16] Somente quando o grupo está na prisão é que Rick começa a se preocupar com a gravidez, mas a preocupação se limita a como fazer o parto em um mundo nada esterilizado. Existe pouca ou nenhuma preocupação com o fato de eles estarem vivendo em uma realidade bastante perigosa e que a vida dessa criança certamente não será muito agradável. Isso é particularmente estranho, visto que Rick e Lori sentem um bocado de estresse e ansiedade quanto aos eventuais efeitos que o mundo onde vivem possam ter em seu outro filho, Carl.[17]

A primeira conversa franca sobre o que significa criar uma criança em um mundo infestado por zumbis acontece quando Maggie diz a Glenn que deseja ter um filho. Glenn, que raciocina e reflete muito mais que a maioria dos sobreviventes de *The Walking Dead*, observa que ter um filho na situação atual não é uma boa ideia. E explica que vem tomando medidas para evitar a concepção quando eles fazem sexo. No entanto, não demora muito para Maggie convencer Glenn sobre as maravilhas de ter um filho. Na verdade, ela usa um argumento bastante comum no mundo real: que, se eles esperassem até tudo ficar perfeito, jamais teriam filhos. Esperamos que você esteja pensando o mesmo que nós: esse é um argumento bem ruinzinho para ser usado em um mundo infestado por zumbis. Não é apenas uma questão de as coisas não estarem perfeitas para os sobreviventes, elas estão *terríveis*. O grupo está cercado de morte e destruição por todos os lados. Quando não estão sendo atacados por zumbis, enfrentam falta de comida, água e remédios, ou são atacados por outros grupos que estão de olho em seus suprimentos. Sempre que a situação fica um pouco mais confortável, surge algum problema inesperado com consequências fatais. Por que alguém em sã consciência colocaria uma criança em um mundo como esse? As pessoas estão com tanta pressa de *sair* do mundo pós-apocalíptico que a taxa de suicídios é assustadoramente alta.

Se você concorda quando dizemos que parece haver bons motivos para os personagens de *The Walking Dead* evitarem ter filhos, então vale a pena prestar atenção a alguns paralelos existentes em nosso mundo. Se a pobreza desesperadora for um motivo pelo qual os sobreviventes não deveriam procriar, então também seria um motivo para não fazê-lo em nosso mundo. Se a probabilidade de uma criança ser exposta à violência e criada entre pessoas com grave instabilidade mental for um motivo válido para que os personagens de *The Walking Dead* evitem procriar, então também seria um motivo para as pessoas de nosso mundo decidirem não ter filhos. A mensagem geral é que a grande probabilidade de que algum mal seja feito a uma criança deveria ser um motivo para não colocá-la neste mundo.

Com certeza, alguns de vocês acham que isso está indo longe demais. Afinal, todas as crianças nascidas em condições semelhantes no mundo real não estariam em situação melhor que suas contrapartes em *The Walking Dead*? Você pode pensar que a pobreza do mundo real é mais fácil de superar do que na série, mas as estatísticas não concordam. A concentração de renda nos Estados Unidos é tão grave que, se você nascer na pobreza, terá poucas chances de passar para a classe média.[18] A situação fica ainda pior quando consideramos a pobreza mundial. Metade do mundo vive com menos de 2,50 dólares por dia e 80% das pessoas vivem com menos de 10 dólares por dia.[19] Se você tem algum plano concreto para fazer alguém escapar da pobreza, por favor, divulgue-o, pois seu silêncio está literalmente matando pessoas.

Além disso, você pode pensar que a violência no mundo real é mais fácil de superar do que a presente na série, mas isso também parece falso. Nicholas diz a Rick que o ataque zumbi foi a primeira vez que seus filhos precisaram enfrentar o fato de que algo estava fora do normal.[20] Agora compare isto à situação das crianças vivendo em conjuntos habitacionais em lugares como West Baltimore. Elas enfrentam a violência diariamente. E piora ainda mais quando saímos dos Estados Unidos. Que oportunidade as crianças do Sul do Sudão têm de escapar da violência causada pela limpeza étnica?

A possibilidade de uma criança nascer com graves problemas de saúde se soma aos males mencionados anteriormente. O fato de não sabermos quase nada sobre a causa da epidemia zumbi deveria fazer Rick e Lori, assim como Maggie e Glenn, pararem para pensar. E se uma criança concebida por pessoas que têm o vírus no organismo nascer com graves problemas de saúde que podem levar a uma vida de sofrimento insuportável? É possível ver paralelos disso em nosso mundo, quando portadores de moléstias genéticas como a doença de Huntington decidem se reproduzir, colocando a prole em alto risco de herdar uma doença dolorosa e debilitante.[21] O que isso mostra é que, assim como várias convenções sociais negativas impedem as pessoas de se envolverem em práticas sexuais quando não há qualquer motivo concreto para essa abstinência, eventualmente a aprovação social positiva feita pelas convenções pode levar as pessoas a se envolverem em práticas sexuais, como a procriação, mesmo quando existem ótimos motivos para evitá-las.

O que nos tornamos

Observar a forma pela qual os personagens de *The Walking Dead* levam suas vidas sexuais pode nos ensinar algumas lições importantes. As convenções tradicionais em relação ao sexo não passam disso — convenções — e perceber que muitas das regras que governam nossa vida sexual são arbitrárias pode nos ajudar a escapar de restrições artificiais sem sentir culpa ou vergonha. Para quem não tem interesse em se envolver em sexo não tradicional, manter uma atitude tolerante e a mente aberta a respeito das decisões sexuais alheias também pode ser benéfico. Afinal, o mundo não seria um lugar melhor se avaliássemos os outros tomando por base aspectos de caráter e ações que realmente importam, em vez do comportamento deles na cama?

NOTAS

1. *Os mortos-vivos*, Volume 1, *Dias passados* (HQ Maniacs, 2006).

2. *The Walking Dead*, Volume 11, *Fear the Hunters* (ainda não publicado no Brasil).

3. *Os mortos-vivos*, Volume 2, *Caminhos trilhados* (HQ Maniacs, 2006).

4. Qualquer pessoa que tenha estudado ética sabe que essa afirmação é uma generalização um tanto exagerada. Poucas regras são universalmente aceitas (se é que existe alguma), e mesmo os exemplos dados aqui têm exceções. Nem

todas as culturas aceitaram o conceito de propriedade privada e, embora "não matar" seja um exemplo bastante citado de regra moral universal, ainda existe uma discordância significativa sobre quem é considerado uma pessoa e o que constitui uma justificativa adequada para matar alguém.

5. *The Walking Dead*, Volume 14, *No Way Out* (ainda não publicado no Brasil).

6. *The Walking Dead*, Volume 13, *Too Far Gone* (ainda não publicado no Brasil).

7 Você pode pensar que tais proibições fazem sentido se uma promessa foi feita a um cônjuge moribundo. As promessas feitas aos mortos são discutidas com mais detalhes no capítulo de Daniel Malloy, "Os infortúnios dos mortos-vivos", mas, em nossa opinião, tais promessas só fazem sentido se existir vida após a morte — uma afirmação arriscada. Promessas são relações entre duas partes, onde uma parte deve algo à outra. Se uma das partes não existe mais, então não há ninguém para quem pagar a promessa. Na melhor das hipóteses, você tem uma promessa/obrigação consigo mesmo, mas esse seria um tipo bem estranho de promessa, visto que não há ninguém para obrigá-lo a cumpri-la. Se você descumprir a promessa, presume-se que também se liberou da obrigação. Assim, promessas feitas a si mesmo não têm a força moral tradicionalmente atribuída a elas.

8. *The Walking Dead*, Volume 14, *No Way Out* (ainda não publicado no Brasil).

9. Richard Wasserstrom, "Is Adultery Immoral?", in: Robert Baker e Frederick Elliston (editores), *Philosophy and Sex* (Buffalo, NY: Prometheus Books, 1975), pp. 207-221.

10. *The Walking Dead*, Volume 12, *Life Among Them* (ainda não publicado no Brasil).

11. *Os mortos*-vivos, Volume 2, *Caminhos trilhados* (HQ Maniacs, 2006).

12. *Os mortos*-vivos, Volume 8, *Nascidos para sofrer* (HQ Maniacs, 2012).

13. *Id.*

14. A visão de que as mulheres são prejudicadas pelo sexo casual também está associada ao feminismo da segunda geração.

15. *Os mortos*-vivos, Volume 2, *Caminhos trilhados* (HQ Maniacs, 2006).

16. *Id.*

17. Vale a pena observar que, na série de TV, Lori se mostra em dúvida sobre ter um filho.

18. Jason DeParle, "Harder for Americans to Rise from Lower Rungs", *The New York Times*, 4 de janeiro, 2012.

19. Shaohua Chen e Martin Ravallion. "The Developing World is Poorer than we Thought, but no Less Successful in the Fight against Poverty", Banco Mundial, agosto de 2008, disponível em: http://siteresources.worldbank.org/JAPANIN-JAPANESEEXT/Resources/515497-1201490097949/080827_The_Developing_World_is_Poorer_than_we_Thought.pdf (em inglês).

20. *The Walking Dead*, Volume 15, *We Find Ourselves* (ainda não publicado no Brasil).

21. Para uma ótima discussão filosófica sobre o assunto, ver Laura Purdy, "Genetic Diseases: Can Having Children Be Immoral?", em *Genetics Now*, editado por John L. Buckley (Washington, D.C.: University Press of America), 1978, pp. 25-39.

4

DEIXADO PARA TRÁS: É MORALMENTE ACEITÁVEL ABANDONAR MERLE DIXON?

Lance Belluomini

"Você não pode me deixar assim, cara!", implora Merle a Morales no episódio da primeira temporada *Guts* [*Entranhas*]. Ele continua: "Ei, T-Dog. Não, cara. Você não pode me deixar, cara! Você não pode me deixar aqui, não assim. Não pode. Não é humano!"

The Walking Dead é uma história difícil de superar. É poderosa, dramática, horripilante e assustadora. Mostra com sucesso as ideias de medo e sobrevivência. Mas Robert Kirkman resume melhor: "A série é sobre humanidade."[1] O trágico abandono de Merle Dixon é um exemplo. Não importa o quanto Merle seja desprezível, nós sentimos pena quando ele grita: "Não é humano!" Até os personagens do seriado reconhecem isso. Relembre o silêncio constrangido e os rostos cheios de culpa entre os sobreviventes que estão atrás do caminhão após T-Dog dizer, arrependido: "Eu deixei a maldita chave cair." E no episódio da primeira temporada *Wildfire* [*Inflamável*], Daryl grita para Glenn: "Vocês largaram meu irmão lá para morrer!" Caramba.

O abandono de Merle levanta diversas questões filosóficas. Será que Rick e T-Dog deveriam levar a culpa por terem deixado Merle para trás? Eles descumpriram algum dever ao deixá-lo? O que os motivou a agir dessa forma? Como veremos aqui, abordar essas questões vai ajudar a responder nossa principal questão filosófica: é moralmente aceitável abandonar Merle?

Antes de mais nada:
O direito de Merle à liberdade pode ser revogado?

Aparentemente, os sobreviventes do apocalipse zumbi se encontram em um mundo desprovido de qualquer governo ou força policial para defender e proteger seus direitos humanos à vida e à liberdade. É uma realidade que, de acordo com Rick Grimes, agora é composto "apenas por carne branca e carne escura — somos nós e os mortos". Então, cabe a cada sobrevivente defender e proteger os próprios direitos humanos.

Vamos analisar o momento em que Rick priva Merle de seu direito humano inalienável à liberdade — o direito de Merle realizar a própria vontade sem interferência alheia. Será que Rick tem justificava para revogar esse direito básico, considerando o comportamento irracional de Merle, bem como seus atos atrozes e o grande perigo que ele representa? Para responder, vamos pensar nas ações de Merle. No teto da loja de departamentos, T-Dog briga com ele por atirar a esmo, desperdiçando balas e atraindo atenção indesejada dos zumbis lá embaixo. O preconceito de Merle vem à tona e ele vomita insultos racistas e cheios de ódio para T-Dog, o que resulta em uma briga. Merle espanca T-Dog brutalmente, ameaça-o com uma arma e deixa claro seu domínio cuspindo nele. Em seguida, Merle faz a sua "pequena conferência", tentando assumir o comando do grupo por meio de táticas coercivas — apontando a arma para os outros a fim de que eles façam sua vontade. Assim, considerando esses atos horríveis e a ameaça que ele representa, obviamente Rick tem permissão para revogar o direito de Merle à liberdade.[2] E é o que ele faz ao intervir, algemando o novo vilão ao cano. Ele dá a Merle algo para pensar: "As coisas são diferentes agora. Para sobreviver temos que nos unir, não nos separar." Observe que isso não é tão diferente de um caso do mundo real em que alguém é privado da liberdade devido a uma acusação de "lesão corporal grave". O criminoso é mantido sob custódia para não causar danos a outras pessoas.

Mesmo assim, a tragédia moral ataca!

Com Merle preso, o grupo não precisa se preocupar com a interferência dele no problema maior que precisa ser resolvido: elaborar um plano de fuga. Rick tem uma ideia repugnante e convence os outros a aceitá-la.[3] Após o policial e Glenn espalharem entranhas de zumbis pelo corpo para ter o mesmo cheiro deles (a ideia repugnante), T-Dog levanta uma importante questão moral: "E Merle Dixon?" Rick joga para T-Dog a chave das algemas, indicando que T-Dog tem autorização para libertá-lo. E, mesmo assim, a tragédia moral ataca. Merle acaba sendo abandonado, porque T-Dog, em um esforço frenético a fim de libertá-lo no último minuto, escorrega acidentalmente no teto molhado de chuva e deixa cair a chave das algemas, que termina dentro de um cano aberto (cena exibida em dramática câmera lenta). T-Dog abandona Merle, mas quando começa a descer a escada decide fazer outra tentativa de salvar o homem que o agredira, e tranca a porta do terraço usando uma corrente e cadeado para evitar que os zumbis cheguem até lá. T-Dog parece reconhecer que se ele não fizer outra tentativa de salvar a vida de Merle, não vai conseguir superar a culpa.

No episódio da primeira temporada *Tell It To The Frogs* [*Diga isso para os sapos*], Andrea fala a Lori no acampamento: "Merle estava descontrolado. Algo precisava ser feito ou ele acabaria matando todos nós. Seu marido fez o que era necessário. E, se Merle ficou para trás, a culpa é só dele e de mais ninguém." Será que ela tem razão? A culpa é realmente de Merle? Ninguém tem culpa? Ou T-Dog e Rick deveriam ser considerados culpados em termos morais por deixar o homem para trás? Parece que T-Dog e Rick não merecem levar a culpa por abandonar Merle. Se quisermos concluir isso, porém, precisamos explicar por quê.

Para fazê-lo, será preciso mostrar que os motivos pelos quais eles estão agindo são suficientemente importantes em termos morais para não acusar T-Dog e Rick pelo abandono de Merle, o que, no caso, também significa dizer que o abandono de Merle é moralmente aceitável.[4] Vamos levar em conta duas interpretações sobre o que motiva a ação deles. Ambas parecem plausíveis, então precisaremos analisar cuidadosamente as duas para ver que conclusões elas fornecem sobre se é admissível abandonar Merle em relação à responsabilidade moral de T-Dog e Rick por abandoná-lo. Primeiro, vamos analisar a visão de Rick e T-Dog estarem agindo com base em determinados deveres.

"Nós o deixamos lá como se fosse um animal preso em uma armadilha"

Gale Anne Hurd, produtora-executiva da série *The Walking Dead*, define bem: "No mundo de Rick Grimes, nunca se deixa um homem para trás. Todo ser humano é precioso."[5] Rick parece agir baseado em um conjunto de deveres morais incondicionais que ele se sente obrigado a respeitar. A perspectiva que julga os atos de acordo com sua qualidade moral intrínseca tendo como base um sistema de deveres é chamada deontologia, famosa por ter sido defendida por Immanuel Kant (1724-1804), que forneceu várias formulações do assim chamado "imperativo categórico" para ajudar a guiar e a determinar que deveres nós temos — que ações morais devemos realizar.[6] Um imperativo categórico é um comando para realizar uma ação porque ela é vista, assim descreve Kant, "como objetivamente necessária em si, sem referência a outro fim".[7]

Embora Rick possa concordar com a descrição de Kant de um dever baseado em um comando, sua abordagem deontológica se adequa mais à linha menos sistematizada oferecida pelo filósofo moral W.D. Ross (1877-1971). Ross alega que, intuitivamente, reconhecemos um conjunto de deveres *prima facie* (óbvios "à primeira vista"), que têm um papel em determinar o que uma pessoa deve fazer. E descobrimos quais são esses deveres óbvios através de um processo de ponderação. Ross pensou que esses deveres especificam responsabilidades que temos conosco e com os outros. Segundo ele, alguns dos deveres reconhecidos seriam: o dever da fidelidade (cumprir promessas), o dever da gratidão (retribuir favores e serviços que outros nos fizeram), o dever da justiça (garantir uma distribuição adequada de prazer ou felicidade), o dever da caridade (ajudar a quem precisa) e o dever da não maleficência (não fazer mal aos outros).[8]

Para Rick, os deveres *prima facie* têm prioridade deliberativa sobre outras considerações.[9] Ele reconhece um dever de gratidão àqueles que arriscaram suas vidas para salvá-lo quando ele precisou — Morgan, Duane e também Glenn. E considera seu dever *prima facie* de não maleficência a Jim. No episódio da primeira temporada *Wildfire* [*Inflamável*], quando o grupo descobre que Jim foi mordido por um zumbi, Daryl Dixon responde: "Acho que devemos cravar uma picareta na cabeça dele." Daryl tenta atacar Jim, mas Rick intervém, colocando uma arma na cabeça de Daryl e reiterando uma das frases marcantes da temporada: "Nós não matamos os vivos!" E lembrando que no primeiro episódio da série, *Days Gone Bye* [*Dias passados*], Rick acusa Morgan de atirar em um homem a sangue-frio. Morgan corrige Rick, dizendo: "Era um zumbi." Essas instâncias enfatizam que Rick sempre reconhece intuitivamente e age de acordo com o dever *prima facie* de não maleficência. Como sabemos, Rick também segue intuitivamente os deveres *prima facie* de justiça e caridade com os outros.[10] Ele está disposto a arriscar a vida para salvar Merle, que segundo ele está enfrentando "sede e exposição ao sol", e diz a Shane: "Não posso deixar um homem morrer. Nós o deixamos lá como um animal preso em uma armadilha. Isso não é jeito de um animal morrer, que dirá um ser humano."

Porém, após o ataque dos zumbis ao acampamento, Rick se arrepende da decisão moral tomada anteriormente. Ele pensou que voltar a Atlanta para salvar Merle e recuperar a bolsa contendo as armas e o walkie-talkie (a fim de avisar Morgan para sair da cidade) era o certo a fazer.[11] A decisão foi motivada pelo seu dever de caridade em relação a Merle, Morgan e os colegas sobreviventes, mas ele está moralmente dividido. Uma parte de Rick acha que ele estava certo e outra parte considera aquilo um erro. Ele se sente moralmente responsável pelas mortes no acampamento, por não escolher ficar e proteger o grupo. E no episódio da segunda temporada, *Chupacabra*, Rick descobre que Shane julga suas ações prejudiciais a todos e sua busca pela "Sophia desaparecida" contrária ao interesse do grupo.

O que Rick não percebe é o fato de viver um conflito entre perspectivas morais. Por um lado, ele tem uma perspectiva neutra em relação ao agente, onde respeita igualmente os interesses e objetivos de cada sobrevivente — a ideia é que os interesses e objetivos de nenhuma pessoa valem mais do que o de outra. Por exemplo, os interesses e objetivos dos outros sobreviventes que estão na fazenda de Hershel não contam mais do que os interesses e objetivos de Sophia. Então, quando surge um dever, não importa quem esteja envolvido (seja um sobrevivente da fazenda de Hershel ou Sophia), ele estará obrigado a ajudar aquela pessoa, dada a sua perspectiva neutra em relação ao agente. É por isso que Rick lidera uma busca incansável por Sophia. Ele intuitivamente reconhece o dever *prima facie* da caridade que tem em relação à menina, estando, portanto, obrigado pelo dever a ajudá-la.

Mas, por outro lado, Rick eventualmente tem uma perspectiva relativa ao agente. A principal preocupação do policial no começo da primeira temporada é com o bem-estar da própria família — Lori e Carl. Ele dá mais valor aos interesses da família do que ao interesse alheio, dizendo a Merle: "Tudo o que eu sou agora é um homem procurando a esposa e o filho. E qualquer um que ficar no meu caminho vai sair perdendo." De fato, o bem-estar da família é o que parece motivá-lo a agir. No acampamento, Rick diz a Shane: "Preciso fazer o que é melhor para minha família." Porém, às vezes as preocupações dele se estendem aos outros sobreviventes. Ele diz a Daryl: "Seu irmão era um perigo para todos nós, por isso eu o algemei no teto." Então, em algumas situações, Rick está disposto a suspender sua abordagem neutra do agente em relação a todas as vidas humanas em prol de uma abordagem relativa ao agente quando ele atribui valor maior à família e aos colegas sobreviventes.

Embora Rick mantenha uma abordagem ética de base deontológica em suas ações, ele hesita entre perspectivas neutras em relação ao agente e perspectivas relativas ao agente. A visão de Rick quanto aos seus deveres sofre pressão quando ele vê a identidade de quem está envolvido — deixando de ver os casos de modo imparcial (salvar todas as vidas humanas) e passando a ver os casos parcialmente (salvar a família acima de tudo).[12]

T-Dog, Rick e seus deveres "levando tudo em consideração"

Existe um sentimento comumente compartilhando entre os filósofos de que nossos deveres ou obrigações não podem entrar em conflito. Por exemplo, vamos supor que Rick reconheça o dever de caridade de voltar à cidade para salvar Merle e recuperar suas armas e, simultaneamente, reconheça o dever de caridade de permanecer no acampamento para proteger o grupo. Se essas forem obrigações legítimas, então ele deve ser capaz de fazer as duas, porque "dever" implica em "poder" — se você deve fazer algo, tem que ser algo que você possa fazer. Porém, para Rick e T-Dog, isso não é um problema, dado que eles são rossianos. Para Ross, ao contrário de muitos outros filósofos, os deveres podem entrar em conflito.

Assim como Rick, T-Dog também parece reconhecer um conjunto de deveres *prima facie* que ele tem em relação aos outros. Lembre-se de quando ele levanta o dilema moral que todos enfrentam porque Merle está algemado no teto: "E Merle Dixon?" Independente do quanto Merle seja cruel, T-Dog e Rick reconhecem seu dever *prima facie* de caridade de resgatar o homem e libertá-lo das algemas. No entanto, eles também têm um dever de caridade de proteger o grupo de Merle. Rick e T-Dog reconhecem esses deveres *prima facie* conflitantes antes de determinar o que Ross chama de o dever "levando tudo em consideração". De acordo com Ross, esse é o dever que precisamos cumprir após equilibrar todos os deveres *prima facie* conflitantes. Trata-se do dever *prima facie* de maior importância — aquele que se sobrepõe a todos os outros. Tanto T-Dog quanto Rick decidem que seu dever "levando tudo em consideração" é resgatar Merle.

Assim, eles cumprem o dever "levando tudo em consideração" de resgatar Merle, mas devido ao azar de T-Dog — a chave cair pelo cano aberto — ele percebe que não poderá cumprir com isso. E, como os zumbis já entraram no prédio, ele agora reconhece um dever *prima facie* de não maleficência em relação a si mesmo — T-Dog irá causar dano a si mesmo se continuar por mais tempo no teto. Então, agora ele está diante de um novo conjunto de deveres conflitantes. Surge, assim, um novo dever desse conjunto de deveres conflitantes — outro dever de caridade "levando tudo em consideração" reconhecido por T-Dog consiste em deixar Merle, mas fazer uma barricada, de modo a isolá-lo no teto. Esse dever surge porque, para T-Dog, o dever de não maleficência para consigo mesmo supera seu dever de caridade original "levando tudo em consideração" para com Merle (resgatá-lo). Não resgatar Merle é a única forma de impedir que T-Dog faça mal a si mesmo. Ao cumprir o novo dever de caridade "levando tudo em consideração" (fazer uma barricada para isolar Merle), ele também permite que T-Dog e Rick não sejam mais considerados culpados, embora ainda reconheçam a existência de dever *prima facie* que foram incapazes de cumprir: resgatar Merle. É essa incapacidade de cumprir o dever *prima facie* "levando tudo em consideração" de resgatar Merle, considerando as circunstâncias azaradas que o anulam, que produz o arrependimento sem atribuição de culpa. O fato de T-Dog se sentir arrependido é sintoma de uma consciência subjacente de que ele tem um dever *prima facie* "levando tudo em consideração" de resgatar Merle. Então, T-Dog pode fazer algo de que se arrepende sem que essa ação seja merecedora de culpa ou envolva a violação de qualquer dever. E, como eles não merecem ser culpados, é, portanto, moralmente aceitável abandonar Merle.

Tendo chegado a uma resposta para nossa questão principal, alguns podem estar se perguntando como os sobreviventes em *The Walking Dead* devem saber quais deveres *prima facie* se aplicam a determinadas circunstâncias. Além disso, como eles devem determinar quais deveres *prima facie* são mais fortes e que, portanto, superam os outros em uma situação de "deveres conflitantes"? Ross responderia que os sobreviventes sabem disso simplesmente através da intuição.

Apesar das críticas, a visão moral de senso comum defendida por Ross, em que guiamos a nós mesmos por um conjunto de deveres *prima facie*, parece descrever com precisão a percepção moral de T-Dog e Rick. Além disso, ela dá uma resposta para nossa questão principal: se é moralmente aceitável abandonar Merle. Contudo, vamos agora analisar uma interpretação diferente, baseada na visão ética do filósofo moral Bernard Williams (1929-2003). Nela, a postura moral e as ações de T-Dog e Rick não são determinadas por quaisquer deveres *prima facie* que eles conhecem intuitivamente, e sim por outras considerações. Vamos ver se isso gera a mesma resposta para nossa questão principal.

A "obrigação" é apenas um tipo de consideração ética

Quando os sobreviventes decidem o que devem fazer e como devem viver nesse apocalipse zumbi, eles estão deliberando sobre obrigações ou deveres? Williams argumenta que a "obrigação" é apenas um tipo de consideração relevante para a deliberação ética,[13] concordando com o filósofo John Stuart Mill (1806-1873) que "nenhum sistema de ética exige que o único motivo de tudo o que devemos fazer seja uma sensação de dever".[14] Esse é um pensamento atraente e intuitivo. Muitos concordariam que existe mais em jogo em nossas deliberações éticas do que apenas obrigações ou deveres percebidos. E as obrigações nem sempre devem vencer outras considerações. Por exemplo, podemos descumprir a promessa que fizemos de visitar um amigo para ir a um protesto sobre algo importante para nós, mesmo que não estejamos sob qualquer obrigação moral de ir ao protesto. O que isso revela é que nossa obrigação moral de visitar um amigo não necessariamente ganha de outras considerações éticas com as quais esteja competindo (a sensação de que eticamente devemos ir ao protesto). No caso, a obrigação moral de cumprir a promessa e visitar o amigo não é o mais importante.

Em *The Walking Dead*, reflita sobre o momento em que Rick algema Merle e quando o policial decide que deve voltar a Atlanta para resgatá-lo. Nas duas instâncias, ele sente isso como algo que "deve" fazer, mas, segundo Williams, sua deliberação ética sobre o que deve fazer não está sendo movida pela obrigação de "dever", mas sim pelo "dever" de outras considerações éticas que ele deve cumprir. São essas outras considerações éticas que, nessa instância, superam qualquer obrigação que ele leve em conta.[15]

Para Williams, a conclusão sobre o que devemos fazer eticamente é determinada pelo que ele chama de nossos "compromissos" e "projetos de base". Ao falar em "compromissos", ele, basicamente, se refere a desejos, valores e interesses em torno dos quais construímos nossa vida e que nos dão uma sensação de sermos agentes morais. E "projetos de base" são: cuidar da família; cultivar prazeres mais avançados, como a arte; e buscar objetivos e planos pessoais que dão sentido e propósito à vida.[16] Williams diria que a decisão de Rick de voltar a Atlanta para resgatar Merle é movida pelo "dever" de certos compromissos e projetos essenciais para ele — certos desejos e disposições preexistentes que ele tem em relação à conduta humana. A ideia principal de Williams é que nossas decisões fluem de nossos compromissos e projetos — elas moldam a forma pela qual respondemos moralmente às situações. E, como veremos, elas também moldam nossa identidade.

Ao manter Merle algemado todo aquele tempo antes de decidirem resgatá-lo, Rick e T-Dog se prendem ao que consideram eticamente necessário. Eles agem a partir de certos compromissos — desejos e disposições preexistentes de sobreviver e ajudar a proteger os outros sobreviventes. Além disso, eles não estão agindo sob qualquer obrigação em suas tentativas de salvar Merle no telhado. Na verdade, as ações deles são, em boa parte, determinadas por certos compromissos e projetos internos que fluem da disposição geral deles em relação a diferentes tipos de condutas humanas: a aversão pela injustiça, crueldade e assassinato. Eles se identificam com o terror da situação de Merle e percebem que abandoná-lo é um ato de injustiça e um assassinato — o que vai contra seus compromissos. Eles são motivados a resgatar Merle porque estão dispostos (e têm um desejo preexistente) de ajudar seres humanos que estão enfrentando injustiça ou morte.

No entanto, a descrição de Williams do que motiva as ações deles não é apenas outra forma de dizer que os sobreviventes reconhecem e agem de acordo com certas obrigações morais? Chegamos, assim, a uma pergunta crucial: qual é a diferença entre compromisso e obrigação (dever)? De acordo com Williams, existem apenas razões internas para agir. Uma razão interna é algo que existe em virtude dos compromissos que a pessoa tem, enquanto uma razão externa é algo que existe independente dos compromissos da pessoa. Por exemplo, como o assunto abordado é muito importante para nós, queremos (ou seja, desejamos) ir ao protesto. Então, temos uma razão interna para ir ao protesto. Em contraste, um teórico baseado no dever (como Ross ou Kant) diria que temos uma razão externa para cumprir a promessa que fizemos ao amigo, porque temos uma obrigação ou dever de fidelidade: sempre devemos cumprir nossas promessas.

Williams diria que os sobreviventes não são motivados por um conjunto de obrigações externas. Em outras palavras, suas ações não são movidas por razões independentes do desejo da forma como afirmam teóricos baseados no dever (por exemplo, Ross e Kant).[17] Da perspectiva de Williams, nenhum dos sobreviventes pode ter uma motivação para fazer algo que não deseje fazer. Todos têm um conjunto de desejos e disposições preexistentes que são razões internas para seus atos.

Porém, alguns filósofos discordariam e argumentariam que, no caso de Rick e T-Dog, eles formam o desejo de resgatar Merle, porque reconhecem uma obrigação externa de resgatá-lo.[18] Ross concordaria com isso, visto que sua perspectiva nos dá razões externas para a ação, como fazem todas as descrições baseadas no dever. Ele admitiria que o dever *prima facie* de Rick e T-Dog de resgatar Merle é uma razão externa independente de desejo que leva à ação. O dever *prima facie* de caridade reconhecido por eles leva ao desejo de resgatar Merle, que, por sua vez, pode ser satisfeito cumprindo o dever: resgatando Merle. Em outras palavras, Rick e T-Dog descobrem um fato externo sobre o mundo (o dever de ajudar Merle), e essa descoberta enfatiza a necessidade de agir.

No entanto, seus compromissos e projetos dão a Rick e T-Dog considerações éticas importantes que não se baseiam no dever. Williams enfatiza a importância moral da integridade pessoal. Ao agir de acordo com seus compromissos e projetos (com os quais se identificam mais profundamente), Rick e T-Dog são capazes de manter a integridade pessoal. Para Williams, quando agimos com integridade, estamos agindo de acordo com nossos compromissos e projetos. E nossos compromissos e projetos moldam nossa identidade. Dessa forma, não surpreende que ele descreva compromissos e projetos como "algo que confere identidade".[19] Em *The Walking Dead*, os compromissos e projetos dos personagens permeiam a identidade deles como agentes morais e, portanto, os leva a responder de certas formas éticas. O desejo e a disposição preexistentes em Rick e T-Dog de corrigir a injustiça e proteger os vulneráveis resulta na decisão deles de resgatar Merle. Ao tomar essa decisão, Rick e T-Dog estão respondendo moralmente aos compromissos e projetos que lhes conferem identidade. Então, mais uma vez, seus compromissos e projetos dão a eles considerações éticas importantes, que não se baseiam no dever. Hipoteticamente, se eles abandonassem — ou fossem impedidos de agir de acordo com — seus compromissos e projetos, que lhes conferem identidade no que diz respeito a resgatar Merle, a identidade e individualidade deles seriam questionadas. Na verdade, eles estariam comprometendo a própria integridade como pessoas, pois estariam agindo contra os compromissos e projetos que definem quem eles realmente são.

Assim, ao explorar a visão ética de Williams, defendemos a posição intuitiva de que Rick e T-Dog não estão agindo por qualquer obrigação ou dever, e sim com base em determinados compromissos e projetos internos. Porém, agir com base em compromissos e projetos significa estar sujeito à culpa? Bom, a maioria de nós concorda que uma ação será digna de culpa se for feita a partir de desejos mal-intencionados. Os desejos que motivam

Rick e T-Dog a resgatar Merle não estão sujeitos à culpa moral, porque não há más intenções neles. Pelo contrário, seus atos são elogiáveis em termos morais. O que os motiva a agir são boas intenções. Apesar de tudo, esses estados internos se mostram valiosos o bastante em termos morais para julgar o trágico ato de T-Dog de abandonar Merle como algo moralmente aceitável. Assim, chegamos à mesma conclusão da abordagem de Ross: T-Dog pode fazer algo de que se arrepende sem que sua ação seja condenável ou envolva a violação de algum dever.

Duas interpretações intuitivas

Aí estão elas. Duas interpretações intuitivas sobre o que motiva as ações morais do grupo. E ambas produziram a mesma conclusão: é moralmente aceitável abandonar Merle. Entretanto, qual é a interpretação mais generosa (ou "melhor")? Qual é a mais atraente? Eles estão agindo de acordo com deveres *prima facie* externos que conseguem reconhecer ou que têm base em determinados compromissos internos? Talvez alguns se sintam em conflito sobre qual perspectiva moral deve ser adotada. Como Rick, alguns podem ficar indecisos entre as várias perspectivas. Somos atraídos pela perspectiva baseada no dever de Ross, que pode ser vista como uma abordagem neutra em relação ao agente devido à alegação de que nós reconhecemos deveres *prima facie* em relação a todos os seres humanos. Ross assume um ponto de vista imparcial em que respeita da mesma forma todos os seres humanos. Assim, segundo ele, todos nós reconhecemos intuitivamente nossos deveres neutros em relação ao agente para com todos os seres humanos. Porém, a perspectiva parcial de Williams também tem seu apelo. Em contraposição à ideia de Ross, Williams assume uma perspectiva relativa ao agente. Quando agimos de acordo com os compromissos que nos conferem identidade, respondemos com a integridade pessoal. Portanto, temos razões relativas ao agente para não fazer algo que colocará nossa integridade pessoal em xeque.

Não importa qual perspectiva decidimos adotar, se Rick e T-Dog estão agindo com base em deveres neutros em relação ao agente ou compromissos relativos ao agente, a discussão deste capítulo provavelmente convenceu a maioria de nós que, dadas as circunstâncias, é moralmente aceitável abandonar Merle. Ao contrário do que Merle diz, é "humano" deixá-lo para trás — embora seja lamentável.

NOTAS

1. Kirkman mencionou isto durante o *Talking Dead*, pequeno programa que vai ao ar após os episódios no canal AMC, exibido em 27 de novembro de 2011.

2. No conteúdo extra do DVD de *The Walking Dead*, a produtora-executiva Gale Anne Hurd diz: "Dentro do acampamento, nós vemos temperamentos ferverem e podemos explorar algo muito importante para a série, que é a frequência com que a natureza humana é muito mais perigosa do que a ameaça zumbi." Os atos ameaçadores de Merle no teto da loja são outra instância da natureza humana, muito mais perigosa que a ameaça dos mortos-vivos lá embaixo.

3. Nem todos acham que essa seja uma boa ideia. Glenn comenta com bom humor: "Se ter ideias ruins fosse um esporte olímpico, esta ganharia a medalha de ouro."

4. Há uma diferença entre julgar se uma ação é moralmente aceitável e julgar se a pessoa que realiza a ação é moralmente responsável por fazê-la. Nesse caso, porém, os fatores para determinar se T-Dog e Rick merecem a culpa por abandonar Merle são os mesmos que determinam se o que eles fizeram é moralmente aceitável. Para saber mais sobre essa diferença, ver o capítulo de Christopher Robichaud neste livro: "Optando por cair fora: A ética do suicídio em *The Walking Dead*".

5. Hurd mencionou isto no conteúdo extra do DVD de *The Walking Dead*.

6. A primeira formulação feita por Kant do "imperativo categórico" diz: "Devo portar-me sempre de modo que eu possa também querer que minha máxima se torne em lei universal." Immanuel Kant, *Fundamentação da metafísica dos costumes*, tradução de Antônio Pinto de Carvalho, disponível em: http://www.xr.pro.br/IF/KANT-Fundamentacao_da_Metafisica_dos_Costumes.pdf

7. Immanuel Kant, *Fundamentação da metafísica dos costumes*, tradução de Antônio Pinto de Carvalho, disponível em: http://www.xr.pro.br/IF/KANT-Fundamentacao_da_Metafisica_dos_Costumes.pdf. Vale observar aqui que, em

contraste aos imperativos categóricos, existem imperativos hipotéticos, que são comandos para realizar uma ação por ela ser vista, assim observa Kant, "como meio para alcançar alguma outra coisa que se pretende", como os desejos de alguém.

8. Para uma descrição mais detalhada dos deveres *prima facie* de Ross, ver o livro *The Right and the Good* (Indianápolis/Cambridge: Hackett Publishing Com pany), 1988.

9. No entanto, Rick nem sempre se atém a seus deveres *prima facie*, pois não é sempre que eles têm prioridade. Por exemplo, ele pensa que saquear "lojas" e um "cemitério de carros" são atos moralmente aceitáveis nesse novo mundo. Quando Andrea pergunta se pegar o colar com pingente de sereia seria furto, Rick diz: "Essa regra não se aplica mais, não acha?"

10. Rick até acha difícil matar alguns dos mortos-vivos porque pensa na humanidade que um dia eles tiveram. Ele sente tristeza pela epidemia tê-los afetado. Por exemplo, antes de abrir o cadáver do zumbi morto para esfregar as entranhas dele no próprio corpo (parte do plano para entrar em Atlanta), Rick para por alguns momentos a fim de reconhecer a humanidade perdida do morto-vivo lendo seu nome no documento de identidade, com o intuito de lembrar ao grupo que ele também já fora um ser humano em relação a quem eles tinham deveres *prima facie*. Mais uma vez, para Rick todo ser humano é precioso.

11. No conteúdo extra do DVD de *The Walking Dead*, o diretor Frank Darabont diz: "Eu adoro Rick Grimes. Ele é meu tipo predileto de protagonista. É o cara que está tentando fazer a coisa certa, mesmo quando as circunstâncias estão contra ele, e mesmo quando fazer a coisa certa nem sempre dá certo. Às vezes, fazer a coisa certa pode ferrar com tudo e fazer a coisa explodir na sua cara."

12. No painel de *The Walking Dead*, na San Diego Comic-Con de 2010, Andrew Lincoln disse, sobre seu personagem: "Ele fica desgastado, é um dos personagens mais empolgantes de interpretar, porque ele muda em termos morais."

13. Williams descreve as características que definem um sistema de moralidade. Segundo ele: "Muitos erros filosóficos estão entremeados na moralidade. Há mal-entendidos em relação às obrigações, não se percebe como elas formam apenas um tipo de consideração ética. Há um mal-entendido quanto à necessidade prática, considerando-a peculiar à ética. E também há um mal-entendido em relação à necessidade prática ética, achando-a peculiar às obrigações. Além de tudo, a moralidade faz as pessoas pensarem que, sem uma obrigação muito especial, existe apenas uma inclinação; sem a total voluntariedade, há apenas força; sem a justiça essencialmente pura, não há justiça. Seus erros filosóficos são apenas as expressões mais abstratas de uma concepção errônea da vida,

profundamente enraizada e ainda poderosa." Bernard Williams, *Ethics and the Limits of Philosophy* (Cambridge: Harvard University Press), 1985, p 196. Nessa passagem, Williams aponta o conceito central na moralidade, destacando que as pessoas têm uma obrigação, "um dever de fazer X" ou "têm que fazer X". Mas, de acordo com Williams, isso distorce nosso pensamento sobre o que fazer e como viver.

14. John Stuart Mill, *Utilitarismo*, (Ciência Política, 2008).

15. A alegação de Williams de que outras considerações podem falar mais alto que as considerações morais é capturada no artigo "Practical Necessity". Ele escreve: "A pergunta 'O que devo fazer?' pode ser feita e respondida de modo que nenhuma questão de obrigação moral entre na situação; e, quando a obrigação moral entra na pergunta, o que eu tenho a obrigação de fazer pode não ser o que eu devo fazer, levando tudo em consideração." Bernard Williams, "Practical Necessity" in *Moral Luck* (Cambridge: Cambridge University Press, 1981), pp. 124–125.

16. Williams dá exemplos de projetos. Ele diz: "O tipo óbvio de desejo pelas coisas para si, a família e os amigos, incluindo necessidades básicas da vida e, em circunstâncias mais tranquilas, objetos de desejo. Ou pode haver ocupações ou interesses de caráter intelectual, cultural ou criativo (...) Além desses, alguém pode ter projetos relacionados ao apoio a alguma causa (...) Ou pode haver projetos que fluem de uma disposição mais geral em relação à conduta e ao caráter humanos." J.J.C. Smart e Bernard Williams, "A Critique of Utilitarianism", in *Utilitarianism: For and Against* (Cambridge: Cambridge University Press, 1973), pp. 110-111.

17. Alguns filósofos contemporâneos fizeram objeções à intuição no estilo senso comum de Williams, que privilegia o ponto de vista pessoal sobre o imparcial. Para a filósofa Martha Nussbaum (1947), por exemplo, quando deliberamos sobre questões éticas, há uma exigência natural de ver nossa situação de um ponto de vista imparcial e externo. Ela argumenta: "Em geral, sentimos que somos muito concentrados em nós mesmos; até crianças pequenas rapidamente adquirem a ideia de uma divisão justa das coisas boas e criticam quem pensa apenas nos próprios objetivos e projetos. A ideia de que uma divisão deve ser imparcial, feita como se fosse do ponto de vista de nenhum indivíduo em particular, é mais comum no pátio da escola (e na mesa de jantar em família) do que na política (...) Williams está obviamente trapaceando uma parte da vida comum ao representar o agente não teórico como preso em uma perspectiva pessoal sobre o mundo." Martha Nussbaum, "Why Practice Needs Ethical Theory", in *Moral Particularism*, editado por Brad Hooker e Margaret Olivia Little (Clarendon Press, 2000), p. 243. Entretanto, Williams tem uma resposta:

"Como o *eu* que assumiu a perspectiva da imparcialidade pode ser deixado com identidade suficiente para viver uma vida que respeita seus próprios interesses?" Bernard Williams, *Ethics and the Limits of Philosophy* (Cambridge: Harvard University Press, 1985), p. 69.

18. Por exemplo, o filósofo John Searle (1932) alega que existem "razões independentes do desejo para agir". Ele continua: "A razão é a base do desejo em vez do desejo ser a base da razão." John Searle, *Making The Social World: The Structure of Human Civilization* (Nova York: Oxford University Press, 2010), p. 131. De acordo com Searle, o desejo pode derivar de uma obrigação. Ele escreve: "A obrigação pode ser uma razão independente do desejo para agir e, apesar disso, motivar a ação, porque pode ser a base de um desejo realizar a ação que se constitui em cumprir a obrigação." *Id.*, p. 129. Searle usa um exemplo sobre dar uma palestra. Ele escreve: "(...) a obrigação de dar a palestra é independente do desejo (...) o que significa que tenho um motivo para palestrar que independe de como eu me sinto no momento (...) são tais coisas como o reconhecimento de obrigações que nos dão a capacidade de refletir, alterar e sobrepor nossas crenças e desejos mais fundamentais." *Id.*, p. 128.

19. Para Williams, os compromissos que conferem identidade a alguém são "a condição da existência de uma pessoa, no sentido de que exceto se alguém for impelido pelo *conatus* do desejo, projeto e interesse, não está claro por que alguém deveria continuar". Bernard Williams, "Persons, Character and Morality", in *Moral Luck* (Cambridge: Cambridge University Press, 1981), p. 12.

5

RICK E SHANE AINDA SÃO POLICIAIS?: A LEI NO MUNDO PÓS-ZUMBI

Andrew Terjesen

Rick Grimes e Shane Walsh vestem uma variação de seus uniformes de policiais durante boa parte de *The Walking Dead*. Na série de TV, Rick usa o uniforme de subdelegado até chegarem à fazenda de Hershel. Nos quadrinhos, ele adia a mudança de vestuário até o grupo chegar à prisão. Mesmo depois de começar a usar roupas diferentes na prisão, ele continua a usar o casaco da polícia com distintivo (que é sua marca registrada). Shane usa uma versão mais discreta do uniforme na série e não o abandonou completamente. Em todas as aparições nos quadrinhos, ele usa pelo menos um chapéu ou jaqueta de couro da polícia.

Muitas pessoas com quem eles encontram agem como se esses uniformes ainda significassem alguma coisa. Mesmo que Rick nunca diga algo sobre ser policial, Glenn o apresenta a Shane, dizendo: "O cara é da polícia, igual a você." (no episódio *Tell It to the Frogs* [*Diga isso para os sapos*]). É natural se identificar com o emprego, mas Glenn está falando no presente. Mesmo após o apocalipse zumbi, faz sentido para Hershel dizer que é veterinário e para Daryl dizer que é caçador. Esses são papéis definidos pela posse de um determinado conjunto de habilidades. Em outras palavras, desde que você tenha um certo conjunto de habilidades, você ocupa aquela função. Mas não faz muito sentido que Glenn diga "sou entregador de pizzas". Essa função exige, além de um conjunto de habilidades, um determinado contexto econômico e jurídico para existir. Sem o contexto, ninguém pode ocupar o cargo, não importa quantas habilidades tenha.

Ser policial é mais como ser veterinário ou entregador de pizza? Depende da forma que entendemos o cargo. Podemos ver a polícia essencialmente como mantenedora da paz. Nesse caso, policiais seriam vistos como médicos em um apocalipse zumbi: teriam certas habilidades e bastaria tê-las para ser considerado ocupante do cargo de policial. Porém, vários empregos envolvem manter a paz e a ordem o diferencial em relação aos policiais é que eles zelam pela aplicação da lei; é essencial para a função que eles o façam. Então, a única forma pela qual Rick e Shane ainda poderiam fazer parte da manutenção da ordem pública é se ainda houver leis a serem aplicadas.

Isso nos leva a analisar a questão fundamental deste capítulo, enfrentada pelos sobreviventes de *The Walking Dead*. Existe lei em um mundo pós-apocalíptico repleto de zumbis famintos?

Ainda existem crimes?

Uma reação automática à situação existente em *The Walking Dead* pode ser declarar que a queda do governo significa o fim das leis. Contudo, veja o diálogo entre Rick e Andrea depois que ele a vê admirar um colar na loja de departamentos.

> Rick: Por que você não o pega?
> Andrea: Tem um policial me olhando. Você consideraria isso como furto?
> Rick: Essa regra não se aplica mais, você não acha?
> (*Guts* [*Entranhas*])

Diante disso, Andrea pega o colar para dar à irmã, Amy. Mesmo no apocalipse zumbi, Andrea ainda se preocupa em não violar as leis e espera que Rick zele pela aplicação delas. Isso pode parecer estranho, visto que eles arrombaram a loja para pegar suprimentos, mas Andrea parece reconhecer a diferença entre pegar o que é necessário para sobreviver e pegar um colar de que ela gostou. Vamos analisar mais essa relação entre necessidade e lei em breve. Por ora, basta observar que Andrea não supõe automaticamente que as leis deixaram de existir só porque o governo não é mais uma presença em sua vida.

A resposta de Rick para Andrea, na verdade, é ambígua. Ele está dizendo que nenhuma regra existe mais porque o governo que as criou deixou de existir? Ou que, em tempos de crise, a lei existe, mas é temporariamente suspensa? A lei ainda está lá, mas não se aplica *agora*. Talvez ele pense que a lei ainda exista e se aplique, mas que, nesse caso, é moralmente aceitável descumprir a lei, e por isso não vai zelar pela aplicação de algumas regras menos "importantes" como as que tratam da propriedade comercial abandonada. Em diversos momentos ao longo de *The Walking Dead*, Rick parece adotar cada uma dessas filosofias jurídicas.

A ideia de que a lei é simplesmente um comando emitido pelo governo foi detalhada de modo mais completo pelo filósofo John Austin (1790-1859).[1] De acordo com Austin, a lei nada mais é que os comandos dados por quem está em posição de autoridade. Austin foi muito cuidadoso ao escolher a palavra "comando", pois é importante para ele que a lei expresse a vontade da autoridade soberana de tal maneira que as pessoas que não a obedecerem serão punidas. Nem todo desejo do soberano é lei, apenas os que são impostos pelo exercício dessa autoridade. No seriado, Shane e Rick usam suas armas e outros equipamentos para impor obediência. Quando Rick algema Merle ao teto, ele se identifica como policial (*Guts* [*Entranhas*]). Aparentemente, Rick considera importante se identificar como policial porque, do contrário, ele não seria diferente de um valentão qualquer algemando pessoas e apontando armas para elas. O único problema é que Rick não é o soberano e não está claro se existe algum governo em *The Walking Dead*.

Rick diz a Morgan que é subdelegado, significando que sua autoridade vem do xerife, o delegado (*Days Gone Bye* [*Dias passados*]). (Nos quadrinhos, o cargo de Rick não é identificado de forma tão clara, mas ele também não parece ser o chefe.) Dependendo de como as coisas funcionavam na cidade de Rick, o xerife era indicado ou eleito pela comunidade, e é isso que lhe dá autoridade. Como essa comunidade não existe mais (não está claro se Morgan era da cidade ou estava apenas de passagem), então, de acordo com a teoria do comando, não existem mais leis na ausência de um soberano para comandá-las. E sem leis a serem aplicadas, parece que Rick e Shane são tão policiais quanto Jim ou Dale. Rick parece admitir isso para Merle quando ele não acredita que o subdelegado puxaria o gatilho exatamente por ser policial. Rick insiste que não está blefando, pois: "Tudo o que eu sou agora é um homem procurando pela esposa e o filho. E qualquer um que ficar no meu caminho vai sair perdendo." (*Guts* [*Entranhas*]).

Nova sociedade, novas regras?

A teoria do comando de Austin pode parecer bem antiquada para a mente moderna (os escritos dele são do século XIX), porque parece se basear na ideia de que a maioria dos governos é organizada em torno de uma figura de autoridade, como um rei.[2] De acordo com essa visão, as leis (e sociedades) passam a existir quando um indivíduo forte impõe sua vontade à sociedade e cria uma comunidade unificada. O problema dessa visão é que nem toda sociedade é criada por meio da conquista. A criação da Constituição dos Estados Unidos é apenas um exemplo de modelo alternativo. Poxa, até os reis guerreiros antigos geralmente eram líderes de clãs ou tribos locais, uma posição nem sempre adquirida pela força.

Hoje em dia, a maioria dos filósofos do direito não segue a teoria do comando, mas ela é um exemplo de uma filosofia do direito mais ampla, conhecida como positivismo jurídico, que, mesmo atualmente, ainda tem muitos defensores. A característica marcante do positivismo jurídico consiste na "lei positiva" ser a única lei. A palavra "positiva" aqui pode ser um tanto enganosa, pois não é utilizada no sentido utilizado pela maioria das pessoas na conversa do dia a dia. A "lei positiva" se refere à lei feita por instituições políticas e sociais. A teoria do comando é uma versão mais restritiva do positivismo jurídico, porque faz do comando do soberano a única forma de algo virar lei. O positivismo jurídico moderno está aberto a outros meios pelos quais as coisas podem virar lei, incluindo acordos coletivos.

Nos quadrinhos, o grupo de Rick parece funcionar de acordo com um tipo de positivismo jurídico quando discute o que fazer com o ex-presidiário Thomas após descobrirem que ele matou as filhas mais novas de Hershel e atacou Andrea.[3] Todos agem como se as velhas leis não fossem mais relevantes, porque não há mais governo. A única pergunta é: quais serão as novas leis (ou regras)? No debate que se segue sobre qual deve ser a regra para assassinos, surgem as duas formas de positivismo jurídico.

Tyreese segue uma posição mais moderna quando diz: "Não fizemos nenhuma regra para esse tipo de coisa. Se vamos começar uma vida nova e tentar restabelecer a sociedade, precisamos ter regras. Precisamos decidir o que fazer."[4] Por outro lado, Rick parece retornar à teoria do comando de Austin ao defender a pena de morte. Ele diz: "Sou policial. Fui treinado para tomar decisões como esta. Sou o único em posição de autoridade aqui."[5]

Tyreese supõe que não vai haver discussão para decidir a questão, mas parando para pensar, "deixar o grupo decidir" não é um processo claro. O voto da maioria vai estabelecer a pena de morte ou precisa ser algum tipo de supermaioria? Todo mundo tem um voto, inclusive Carl e Sophia, duas crianças? E Thomas, um condenado pela justiça? Importa quanto tempo você está no grupo? Precisamos de regras sobre como fazer regras, mas de onde vêm tais regras? Ao responder, esta pergunta, precisamos evitar a arbitrariedade ou o raciocínio circular. Raciocínio circular seria dizer que a votação será decidida por maioria simples, por ser o que a maioria das pessoas votou. E, se não pudermos dar um motivo pelo qual as coisas devam ser decididas por maioria simples, então a escolha é arbitrária (como a teoria do comando).

A abordagem de Tyreese exige um tipo de positivismo jurídico similar ao que era defendido pelo filósofo do direito H.L.A. Hart (1907-1992).[6] Hart aborda o problema distinguindo entre o que ele chama de "regras primárias" e "regras secundárias". As regras primárias são as leis substantivas da sociedade: não roubar, não matar etc. Já as regras secundárias são as que governam como as regras primárias são estabelecidas e mudadas. De acordo com Hart, regras secundárias são criadas por meio de convenções sociais que internalizamos lentamente de modo que pareçam obrigatórias e semelhantes a leis. A diferença permite a Hart evitar o raciocínio circular, porque as regras secundárias são estabelecidas por um processo diferente das regras primárias (as leis feitas pelas Assembleias Legislativas e representantes do governo).

Visto que todos os personagens de *The Walking Dead* são dos Estados Unidos, seria de se esperar que eles tivessem internalizado as regras secundárias nos moldes de uma reunião pública. Se eles fossem de outro país, poderiam ter acatado o julgamento da pessoa mais velha ou do clã mais poderoso. O positivismo de Hart não é tão arbitrário quanto a teoria do comando, mas ainda está aberto à possibilidade de diferentes sociedades poderem discordar sobre regras fundamentais como a pena de morte, e o único motivo para essa discordância pode ser as condições históricas e sociais específicas que formaram aquela sociedade. Para os críticos do positivismo jurídico, esse é o problema essencial da teoria: ela não dá qualquer razão indiscutível pela qual se deve preferir um conjunto de leis em vez de outro, e isso deixa aberta uma possibilidade perturbadora. Da perspectiva de um positivista jurídico, desde que as leis sejam criadas por meio de um processo legítimo, então as leis do regime nazista são obrigatórias e a punição por desobedecer a elas se justifica.[7]

Você mata, você morre

É possível que Rick tenha apelado para sua autoridade como forma de impedir a discussão sobre a pena de morte para Thomas, mas existe outra possibilidade incorporada na defesa que Rick faz de suas ações para Tyreese. Rick insiste: "Sou um agente da lei", embora reconheça: "Eu posso não ter mais ninguém a quem responder."[8] Da perspectiva de um positivista jurídico, isso não faz sentido. Sem alguma forma de instituição jurídica responsável por fazer as leis, como pode existir alguma lei para Rick aplicar? A resposta está contida no que o policial diz a seguir: "Onde eu vejo justiça, você vê outro assassinato." A fim de justificar suas ações, ele apela para uma "autoridade superior": a justiça. Ao apelar para um conceito moral (e não apenas uma convenção social, como fazem os positivistas jurídicos), Rick dá um exemplo do que se chama naturalismo jurídico.

O naturalismo jurídico (ou teoria da lei natural) tem uma longa história, cuja origem está nos antigos estoicos.[9] Ele voltou na era medieval com São Tomás de Aquino (1225-1274) e continuou até a era moderna.[10] A ideia básica do naturalismo jurídico é que a lei humana tira sua força da moralidade. A nova regra de Rick para lidar com Thomas, "você mata, você morre", reflete uma verdade moral básica. Geralmente, matar é errado. Uma sociedade em que pessoas inocentes são obrigadas a lutar com zumbis até a morte, como em Woodbury sob o jugo do Governador, parece inerentemente sem lei e selvagem.[11] A ideia de que a lei deve nos proteger de estupro, tortura ou assassinato não pode ser facilmente desprezada. Não é o mesmo que suspender as leis sobre a propriedade privada quando se está em busca de abrigo ou ignorar se é ou não época permitida para a caça. Seria errado obedecer às "leis" de Woodbury, porque elas entram em conflito com a lei verdadeira. Como diz Aquino (e ele está na verdade citando Santo Agostinho), "não parece ser lei a que não for justa".[12] Martin Luther King Jr. citou essas palavras para justificar a desobediência civil contra as "leis" de Jim Crow.[13] O fato de Rick preferir uma perspectiva naturalista jurídica é sugerido no que ele diz a Tyreese em seu encontro anterior: "Eu posso ser um policial, mas não deixo as regras me cegarem a ponto de não identificar o que é certo e errado."[14] Rick se sente compelido a zelar pela aplicação de uma lei moral superior, e não apenas pelo que está escrito.

Aquino resume a lei natural a um único princípio: o bem maior, que ele chama de *summum bonum*. Quase todas as leis são apenas aplicações do *summum bonum* a circunstâncias específicas. Vide as leis de trânsito, regularmente violadas no mundo pós-zumbi. Leis sobre excesso de velocidade não se baseiam em qualquer ideia moral sobre a rapidez máxima com que alguém deve dirigir, ou mesmo de qual lado da estrada alguém deve trafegar. As leis de trânsito norte-americanas não são superiores em termos morais às leis de trânsito britânicas só porque eles dirigem do lado direito da estrada. Porém, seria moralmente indesejável não especificar um lado da estrada para se dirigir, porque as pessoas dirigiriam dos dois lados e colisões frontais seriam comuns. Assim, o *summum bonum* exige que haja um conjunto consentido de leis de trânsito de modo a regular o comportamento seguro, o qual promove o benefício de preservar a vida e a harmonia da sociedade. Da perspectiva de um naturalista jurídico, as leis humanas são apenas uma tentativa de capturar a "verdadeira" lei expressa na moralidade.

Quando Rick está decidindo quais leis precisa aplicar e quais pode deixar passar, ele precisa pensar sobre o propósito moral subjacente daquela lei específica. Quando Morgan (nos quadrinhos) descobre que Rick é policial, ele teme que Rick possa despejar Morgan e Duane da casa onde estão morando. Rick garante que não irá fazer isso e diz a ele: "Eu não vou prender você (...) A maioria das casas da minha rua foi invadida. Você parece estar consertando o lugar. Os Thompson provavelmente vão agradecer quando voltarem."[15] Ele até dá a Morgan um carro de polícia e diz: "Estou apenas fazendo meu trabalho. Não consigo pensar num jeito melhor de 'Servir e Proteger' nessas circunstâncias." Rick não alega que as leis de propriedade de casas e veículos não se aplicam. Na verdade, fica bem claro que ele pretende que os Morgan saiam da casa quando os Thompson voltarem (um pensamento um tanto ingênuo, mas ele havia acabado de acordar) e devolvam o carro quando "as coisas voltarem ao normal". O que Rick parece estar fazendo é filtrar as leis humanas por meio do imperativo moral maior de "Servir e Proteger".

Sobrevivência *versus* o *summum bonum*

Quando surgiu, o naturalismo jurídico foi uma resposta às variações da teoria do comando e uma crítica à ideia de que qualquer arranjo social pode virar lei desde que venha de uma autoridade legítima. O naturalismo jurídico dependia da crença na existência de apenas um *summum bonum* reconhecido por todos e, até a Reforma, as pessoas podiam ao menos fingir que acreditavam nessa ideia, sem realmente segui-la. O positivismo jurídico moderno, como o de Hart, originou-se da crença de que a lei precisava prescindir de suas bases morais, pois a discordância moral parece ser um fato da vida moderna.

Se você defende o naturalismo jurídico, então qualquer suposta lei que vá contra o *summum bonum* não é uma lei verdadeira. Assim, alguém que considere a pena de morte moralmente errada acharia a pena de morte ilegítima, enquanto alguém que defenda o "você mata, você morre" consideraria um sistema sem as regras "olho por olho, dente por dente" moralmente falido. Houve uma discordância clara sobre a questão no grupo de Rick. Patricia acreditou que estava fazendo a coisa certa ao deixar Thomas sair da cela, pois considerava a pena de morte moralmente errada.[16] Uma sociedade terá dificuldade em cumprir suas leis se as pessoas acharem que podem escolher quais delas devem obedecer. Esse problema poderia ser evitado se alguém pudesse provar o que é o *summum bonum*, mas algumas pessoas consideram a discordância moral como semelhante a um debate para saber o que é o melhor: baunilha ou chocolate. Não é algo que será resolvido por meio de um apelo ao racional. Essa visão surge em resposta à prevalência da discordância moral em sociedades democráticas modernas. Uma resposta mais moderada a esse fenômeno seria argumentar que a discordância moral indica nossas limitações em compreender o *summum bonum*. A discordância não necessariamente mostra que falta uma base racional à moralidade. Mesmo na época de Aquino, quando o cristianismo era dominante na Europa, havia discordâncias quanto ao *summum bonum*. Ele não acreditava que saberíamos a verdade até o momento da morte, quando veríamos o *summum bonum* diretamente, em uma visão de Deus. Infelizmente, decidir quais leis são válidas não pode esperar tanto, pois uma sociedade precisa se manter funcionando.[17] As pessoas podem discordar sobre a pena capital em termos morais e trabalhar para mudar o sistema, mas o sistema que eles adotam só pode praticar ou abolir a pena capital. Não há como fazer as duas coisas ao mesmo tempo.

Não importa o que seja o *summum bonum*, ele deve ser o bem maior para o universo, não só para algum grupo ou indivíduo em particular. Com base em suas ações, não está totalmente claro se o princípio guiando Rick quando ele decide se pode modificar as regras ou não é o *summum bonum*. O ex-presidiário Dexter, falsamente acusado de matar as filhas de Hershel, está farto dos novos moradores da prisão e aponta uma arma para Rick, dizendo que seu grupo precisa ir embora.[18] A discussão é interrompida por um bando de zumbis vindo do Bloco A. Dexter e Rick põem as diferenças temporariamente de lado para enfrentar os zumbis como grupo, mas, quando quase todos eles foram eliminados na batalha, Rick atira na cabeça de Dexter e alega ter sido uma bala perdida durante o confronto. Tyreese viu Rick mirar em Dexter e acaba contando a verdade ao grupo. Quando Rick fala com o grupo sobre isso, ele diz: "Eu sou policial. Sei que, tecnicamente, o que fiz foi errado. Eu conheço as leis e sei como tudo costumava ser. Mas as coisas mudaram!"[19]

Rick provavelmente se declarou tecnicamente errado porque, mesmo proibido pela lei, a moralidade exigia que ele matasse Dexter. Contudo, isso parece um tanto delirante da parte de Rick. Esse não foi um ato em legítima defesa. Dexter ordenou a saída da prisão que ele vinha ocupando muito antes de o grupo de Rick chegar. Ele não iria atirar se eles atendessem à ordem e fossem embora. A reação dele também parece lógica, visto que o grupo de

Rick o prendeu e ameaçou matá-lo por assassinar as filhas de Hershel sem quaisquer evidências além do fato de ele ser o único assassino confesso ali.

Rick observa que a situação é muito mais perigosa fora da prisão, mas, àquela altura, ele não está mais apelando para o *summum bonum,* apenas defendendo o bem do grupo. Embora os sobreviventes fiquem um pouco perturbados com as ações de Rick, eles também ficam felizes em continuar na prisão e não o punem pelo que fez (embora decidam limitar a autoridade dele). As ações posteriores de Rick indicam que eles têm motivos para desconfiança, pois mesmo a sobrevivência do grupo só importa na medida em que garanta a sobrevivência dos entes queridos dele. Para salvar Carl, Rick corta a mão de Jessie e a deixa ser comida pelos zumbis.[20] E isso depois de prometer ao grupo que ele não iria "simplesmente abandonar alguém".

Na série de TV, Rick até agora foi poupado dessas escolhas difíceis, então ainda é possível vê-lo motivado pelo *summum bonum.* Mesmo assim, seus comentários para Merle sobre ser um homem em busca da família indicam o que pode estar por vir caso a vida fique mais difícil. No seriado, Shane personifica a atitude que considera a sobrevivência como o motivo pelo qual nós modificamos as leis normais e também fornece o argumento que explica por que essa atitude não deve ser estimulada. Pelo menos, eu espero que a maioria das pessoas não classifique atirar na perna de Otis de modo que ele seja uma distração para o bando de zumbis como "tecnicamente errado" (*Save the Last One* [*Salve o último*]). Claro que, se Carl fosse seu filho, você provavelmente acharia difícil culpar Shane por fazer o que fez para salvá-lo. E, como os antibióticos também salvaram T-Dog, pode-se até argumentar que foi para o bem maior, pois salvou mais pessoas. Contudo, imagino que você se sentiria de outro modo se fosse a pessoa considerada lenta, pesada ou um risco para o grupo.

O foco de Rick na sobrevivência recebe aprovação geral ao longo dos quadrinhos. Quando Douglas aceita o grupo de Rick na comunidade, ele não está preocupado com o que eles fizeram para sobreviver. Na verdade, ele considera uma adição importante à comunidade ter pessoas que sabem o que é preciso fazer para sobreviver. Após descobrir que Rick estava andando com uma arma em segredo, apesar da política da comunidade de "sem armas dentro dos muros", ele diz a Rick: "Ter um chefe de segurança disposto a quebrar as regras a fim de manter a comunidade segura. Eu respeito isso."[21] Mais uma vez, desde que Rick aja de modo a proteger os interesses deles, ninguém se importa.

Às vezes, é preciso atirar em alguém para fugir da horda de zumbis

Não vou fingir que sei o que eu faria se os mortos começassem a andar. Não há como negar que uma situação tão radical apresenta uma série de escolhas difíceis para as pessoas. Ser aberto e amigável pode facilmente levá-lo à morte. Porém, ainda assim, devemos admitir que seria estranho alegar que a lei continua sendo um conceito significativo se ela puder ser ignorada sempre que entrar em conflito com nossos desejos individuais. Se uma lei é produto da humanidade ou natureza, então é significativa para nós apenas enquanto nos diz como tratar as pessoas que têm objetivos diferentes dos nossos. As leis existem para nos ajudar a coexistir com pessoas com as quais não concordamos e não nos importamos

Da perspectiva de um positivista jurídico, situações radicais não invalidam automaticamente a lei existente. Por exemplo, no mundo real, as pessoas se encontraram em situações em que a sobrevivência os levou a fazer coisas que, do contrário, seriam impensáveis. Em um dos casos mais famosos, marinheiros à deriva num barco salva-vidas decidiram matar e comer um dos companheiros para sobreviver.[22] Os marinheiros que acabaram sendo resgatados foram julgados e condenados por assassinato. Eles invocaram o estado de necessidade, alegando que não tinham outra escolha para sobreviver, mas o tribunal negou o argumento da defesa. Embora eles estivessem isolados da sociedade por um breve período, o sistema legal ao qual pertenciam continuara a existir e não oferecia exceções à situação deles. Em casos do mundo real, a emergência fica limitada em escala, mas no mundo de *The Walking Dead*, as instituições jurídicas existentes foram destruídas. Nesse caso, da perspectiva de um positivista jurídico, a lei não se aplica mais e tudo vale.

Não acho que Rick pense dessa forma. O exemplo que mais confirma isso é quando o grupo precisa lidar com Ben depois que ele mata o irmão gêmeo.[23] Está bem claro que, na idade dele, Ben não tem concepção alguma de vida e morte. Ele até diz a Andrea para não se preocupar, pois o irmão vai voltar. A maioria do grupo percebe que Ben virou um risco, mas não tem certeza do que fazer a respeito. Ao contrário de outros casos em que Rick rapidamente aplicou o "você mata, você morre", ele reluta para aplicar essa regra a Ben. Na verdade, ele parece chocado quando Abraham sugere o óbvio, que eles precisam matar Ben a fim de garantir a própria segurança. O mais interessante na cena é que, mesmo com todos reconhecendo a lógica do argumento de Abraham, quando Morgan pergunta quem vai fazer o serviço, nenhum dos adultos se apresenta. Eu argumentaria que, mesmo nessa situação de horrenda necessidade, eles reconhecem que perderiam algo importante se fizessem qualquer coisa para sobreviver. Rick e seu grupo ficam igualmente chocados quando encontram o pequeno grupo de canibais que comeu os próprios filhos para sobreviver antes de começar a atacar desconhecidos.[24] Isso indica que Rick realmente acredita que existam algumas regras básicas a serem aplicadas. É o que o separa do Governador.

Rick resume sua filosofia de sobrevivência em uma discussão com Abraham: "As pessoas sem o interruptor — que não foram capazes de mudar de cidadãos cumpridores da lei para assassinos a sangue-frio — são os que andam se arrastando e tentam nos devorar."[25] A metáfora do interruptor sugere a crença de Rick de que mesmo em um mundo de zumbis pode haver leis, com exceção daquelas instâncias em que seguir a lei colocaria em perigo a sobrevivência de alguém. Como já afirmei, há algo preocupante em uma lei natural que só funciona quando lhe convém. Existe outra forma de pensar na metáfora de Rick. Um interruptor, em geral, é um controle do tipo liga/desliga, mas nem sempre. Pense num dimmer. Em vez de ver o mundo como um lugar onde a lei natural se aplica ou não, podemos pensar nele como um lugar onde níveis diferentes de lei natural se aplicam.

São Tomás de Aquino antecipou essa possibilidade quando discutiu a lei natural que governa os humanos.[26] Como ele explicou, os seres humanos têm tipos diferentes de natureza. Existe o instinto básico de autopreservação, algo que todas as criaturas vivas (até plantas) possuem. E existe também a natureza animal, a parte primal que caça para comer e cria os filhotes. Por fim, temos uma natureza racional, a parte que nos coloca acima de todas as outras criaturas. Cada tipo de natureza tem suas próprias leis, e elas estão dispostas em uma hierarquia. O instinto de autopreservação deve estar subordinado à parte de nós que cria uma sociedade civilizada. A filosofia de Rick pode estar apenas indicando que o inverso também é verdadeiro, e nossa natureza superior depende das partes mais inferiores da nossa natureza. Quando nossa comunidade é ameaçada, precisamos suspender a natureza racional e seguir a "lei da selva". No entanto, mesmo assim, existem algumas regras básicas a serem obedecidas, como não matar as crianças. A situação na qual Ben se encontra testa até essas leis e sugere diminuir o interruptor ainda mais para que apenas a lei básica da autopreservação se aplique. Por motivos óbvios, os adultos do grupo estão muito relutantes em descer a esse nível. É Carl quem decide fazer o que é preciso e, furtivamente, mata Ben quando todos estão dormindo. O ato de Carl segue uma lei natural muito básica de autopreservação, e também evita perturbar algumas das outras leis naturais identificadas por Aquino. Graças a Carl, os adultos não precisam impugnar a noção de que os adultos devem cuidar das crianças.

Leis sem aplicação?

Observar a discussão entre naturalistas jurídicos e positivistas jurídicos é importante, pois destaca algumas das questões fundamentais em torno da natureza da lei. Por um lado, queremos que a lei seja mais do que uma coleção arbitrária de regras. Por outro, não queremos que a lei reflita uma visão individual da vida boa, excluindo todas as outras possibilidades. Porém, é realmente difícil chegar a um conjunto de regras que se justifica de tal modo que ninguém discorde dele.

Mesmo assim, pode ser que estejamos olhando a questão pelo ângulo errado. O que o naturalismo e o positivismo jurídicos têm em comum é que ambos tentam definir um conjunto de regras ao qual podemos apelar. O problema com essa abordagem é presumir que a lei existe por si só. Mesmo se todos os seres humanos do planeta virarem zumbis, a lei ainda seria lei, porque ainda pode ser encontrada em um manual ou no *summum bonum*. As duas filosofias presumem a existência de um legislador. Para os positivistas, o legislador é qualquer organismo designado para o papel. Para os naturalistas, as leis são determinadas pela moralidade e "escritas" de acordo com as inclinações naturais dos seres humanos.

O engraçado é que, em geral, quem lida regularmente com a lei — policiais, advogados ou juízes — não pensa nela como algo que está nos livros escritos por um legislador. Pense em todas as leis que estão nos livros agora. São tantas leis aprovadas que eventualmente algo que já era crime acaba se transformando em crime de novo, pois ninguém verificou se já havia uma lei para aquilo.

Veja o exemplo dos limites de velocidade. É bem comum, na maioria das jurisdições, ignorar quem está a poucos quilômetros acima do limite, mas o que significa dizer que o limite de velocidade é 80 quilômetros por hora se ninguém é multado dirigindo a 82 quilômetros por hora? Tudo o que realmente importa para nós é o que a polícia, advogados e juízes vão fazer. Essa foi a visão de lei proposta por Oliver Wendell Holmes, Jr., que era tanto um pensador jurídico quanto um juiz da Suprema Corte dos Estados Unidos.[27] De acordo com Holmes, a pessoa comum vai a um advogado para obter uma previsão de como será tratada pelo sistema jurídico. Obviamente, as únicas pessoas que realmente se importam com o que os tribunais vão fazer são os que acreditam ter feito algo errado, por isso a filosofia de Holmes foi apelidada de "teoria do homem mau".

A teoria do homem mau não é apenas outra teoria do direito, é uma rejeição da possibilidade de ter uma teoria do direito. É uma tentativa de se esquivar do debate entre positivistas e naturalistas devido às falhas percebidas nas duas teorias. Também parece refletir um fato básico sobre a lei: a maioria de nós interage com ela apenas quando alguém tenta nos forçar a fazer algo (ou a deixar de fazê-lo). Quando Daryl descobre que o grupo deixou Merle algemado no teto, Shane precisa contê-lo. Ele dá uma "gravata" em Daryl, que reclama que isso é ilegal. A resposta de Shane é: "Faça uma queixa." (*Tell It to the Frogs* [*Diga isso para os sapos*]) E ele está certo. A menos que alguém discipline os policiais que se comportam de modo inadequado, os conceitos de brutalidade policial e busca e apreensão ilegal não fazem sentido. As leis precisam que alguém zele por sua aplicação para existir. E, mesmo se não existir lei alguma nos livros, se o sistema jurídico pune um determinado comportamento, então essa atividade é contra a lei no que diz respeito à pessoa comum.

Você pode estar se perguntando: qual é a diferença disso para a teoria do comando? Bom, a teoria do comando especifica o tipo de lei que precisa ser aplicado — os comportamentos que o soberano deseja desestimular. Por outro lado, na teoria do homem mau, não há suposição de quais regras serão aplicadas. Os subdelegados podem decidir ser mais tolerantes do que o delegado gostaria ou o delegado pode optar por ignorar uma nova regra feita pela Câmara municipal — nesse caso, há a possibilidade de aplicação arbitrária da lei. Tecnicamente, a 14ª e 15ª Emendas da Constituição dos Estados se aplicavam às leis de Jim Crow, mas você seria pressionado a argumentar que todas as jurisdições estavam preocupadas com os direitos constitucionais dos afro-americanos. Contudo, a teoria do homem mau também reconhece outra realidade da aplicação da lei. A polícia e os juízes são pessoas situadas em uma comunidade e, geralmente, representam os valores desta. É um pouco parecido com o naturalismo, mas não há alegação de saber o que os valores são ou devem ser. Além disso, ao contrário do naturalismo, a teoria do homem mau está aberta à possibilidade de a lei ser moldada por preocupações não morais e pela psicologia humana básica.

A teoria do homem mau não exige um conjunto reconhecido de instituições legais. Basta que Rick e Shane estejam cumprindo as funções que a comunidade espera deles como representantes da lei. Mesmo em um mundo cheio de zumbis, pode haver leis reconhecidas pelas pessoas. Elas querem saber o que as fará ser exiladas ou levar uma bela surra de Shane. O fato de Shane espancar Ed pela forma como tratava Carol realmente destaca o problema de reduzir a lei às regras que indivíduos específicos escolhem aplicar (*Vatos*). E pode ser justamente aí que o positivismo e o naturalismo entram em jogo. As duas teorias podem ser entendidas como concepções diferentes dos limites que precisamos colocar na aplicação da lei. Cada uma delas articula uma visão diferente de como os padrões da comunidade podem ser usados para abrandar a prática da aplicação da lei — a única parte da lei que realmente importa quando você estiver cercado de zumbis.

NOTAS

1. Para ter uma noção completa da visão dele, ver o livro *The Province of Jurisprudence Determined*, W. Rumble (editor), Cambridge: Cambridge University Press (1832/1995). Como o título da obra sugere, seu objetivo era identificar o que fez a lei ser diferente do costume, da moralidade, da etiqueta, da religião e de outras instituições sociais similares.

2. Austin tinha consciência de que os tempos estavam mudando e insistiu que o soberano não precisava ser um monarca tradicional. Apesar disso, sua tentativa de equiparar o soberano britânico a uma mistura de rei, Câmara dos Lordes e Parlamento parece um tanto desajeitada.

3. *The Walking Dead* #17 (março de 2005 nos EUA), publicado no Brasil em *Os mortos-vivos*, Volume 3, *Segurança atrás das grades* (HQ Maniacs, 2008).

4. *Id.*

5. *Ibid.*

6. O livro de Hart, *O conceito de direito*, era tanto uma crítica à teoria do comando de Austin quanto uma explicação sobre sua forma moderna de positivismo. Embora o livro tivesse sido publicado originalmente em 1961, a edição publicada após a morte de Hart inclui uma resposta aos críticos (*O conceito de direito*, Martins Fontes, 2009).

7. Não é o objetivo de meu estudo se o regime de Hitler foi estabelecido legitimamente ou não. Para entender a força dessa crítica, basta reconhecer que

não é impensável o fato de a maioria da sociedade poder implementar leis que prejudicam gravemente uma minoria.

8. *The Walking Dead* #18 (abril de 2005 nos EUA), publicado no Brasil em *Os mortos-vivos*, Volume 3, *Segurança atrás das grades* (HQ Maniacs, 2008).

9. Pode-se argumentar que isso vem desde Aristóteles (384-322 a.C.), mas não há como negar que os estoicos, especialmente por meio dos escritos de filósofos romanos como Cícero (106-43 a.C.) e Sêneca (4 a.C.-65 d.C.), tiveram influência direta nas concepções cristãs sobre a lei natural.

10. A teoria de São Tomás de Aquino sobre a lei natural encontra-se ao longo da *Suma Teológica*, mas pode ser lida em versão organizada em *On Law, Morality, and Politics, Second Edition*, traduzido para o inglês por Richard Regan (Hackett Publishing, 2003).

11. Woodbury aparece pela primeira vez em *The Walking Dead* #27 (abril de 2006 nos EUA). Até onde o grupo teve que ir em nome da sobrevivência está registrado em *Os mortos-vivos*, Volume 5: *A melhor defesa* (HQ Maniacs, 2011) e *Os mortos-vivos*, Volume 6, *Vida de agonia* (HQ Maniacs, 2011).

12. Aquino, São Tomás de, *Suma Teológica IV*, questão 96, artigo 3 (Edições Loyola, 2005).

13. No famoso discurso de King em 1963, "Letter from Birmingham Jail", publicado no livro *Why We Can't Wait* (Penguin, 2000).

14. *The Walking Dead* #7 (abril de 2004 nos EUA), publicado no Brasil em *Os mortos-vivos*, Volume 2, *Caminhos trilhados* (HQ Maniacs, 2006).

15. *The Walking Dead* #1 (outubro de 2003 nos EUA), publicado no Brasil em *Os mortos-vivos*, Volume 1, *Dias passados* (HQ Maniacs, 2006).

16. *The Walking Dead* #18, publicado no Brasil em *Os mortos-vivos*, Volume 3, *Segurança atrás das grades* (HQ Maniacs, 2008).

17. Com isso não queremos sugerir que as pessoas não têm justificativa para desobedecer às leis que consideram injustas. O argumento é apenas que nosso motivo para fazê-lo não deve ser o fato de que elas não são realmente leis.

18. *The Walking Dead* #19 (maio de 2005 nos EUA), publicado no Brasil em *Os mortos-vivos*, Volume 4, *Desejos carnais* (HQ Maniacs, 2009).

19. *The Walking Dead* #24 (novembro de 2005 nos EUA), publicado no Brasil em *Os mortos-vivos*, Volume 4, *Desejos carnais* (HQ Maniacs, 2009).

20. *The Walking Dead* #83 (março de 2011 nos EUA), reimpresso em *The Walking Dead*, Volume 14, *No Way Out* (ainda não publicado no Brasil).

21. *The Walking Dead* #76 (agosto de 2010 nos EUA), reimpresso em *The Walking Dead*, Volume 13, *Too Far Gone* (ainda não publicado no Brasil).

22. O caso britânico *Regina v. Dudley and Stephens* (1884). Eles decidiram quem matar no palitinho. Ironicamente, a pessoa que propôs o sistema perdeu e acabou devorada pelo resto da tripulação.

23. *The Walking Dead* #61 (maio de 2009 nos EUA), reimpresso em *The Walking Dead*, Volume 11, *Fear the Hunters* (ainda não publicado no Brasil).

24. *The Walking Dead* #62-66 (junho-outubro de 2009 nos EUA), reimpresso em *The Walking Dead*, Volume 11, *Fear the Hunters* (ainda não publicado no Brasil).

25. *The Walking Dead* #58 (fevereiro de 2009 nos EUA), reimpresso em *The Walking Dead*, Volume 10, *What We Become* (ainda não publicado no Brasil).

26. O que vem a seguir veio basicamente da discussão de Aquino na *Suma Teológica I-II*, pergunta 94, resposta 2 (Edições Loyola, 2005).

27. Holmes apresentou sucintamente sua filosofia da lei no discurso que virou artigo, "The Path of Law", *Harvard Law Review* 10:457-478 (1897). O movimento do realismo jurídico na metade do século XX levou as ideias de Holmes às suas conclusões lógicas e começou a se concentrar no estudo da lei como exercício de sociologia e psicologia, mas a visão de Holmes sobre a lei transcende esse movimento específico.

COLABORADORES

Lance Belluomini se formou em filosofia pela University of Arizona e fez sua pós-graduação em filosofia na University of California, em Berkeley; na San Francisco State University e na University of Nebraska-Lincoln. Recentemente, ele contribuiu com um capítulo para o livro *Inception and Philosophy*. Entre seus interesses filosóficos estão ética e filosofia da cultura popular. Lance não conseguiu evitar a risadinha quando Glenn revelou seus dois grandes segredos de uma só vez para Dale: "Tem zumbis no celeiro e Lori está grávida." Ele havia apostado consigo mesmo que Glenn não duraria até o fim do episódio sem revelar o segredo sem querer, e tinha razão. Glenn não consegue guardar segredos, mas por qualquer motivo: "Segredos fazem você ser morto." E ele não discute com Glenn quanto a isso.

Daniel P. Malloy é professor de filosofia na Appalachian State University. Sua pesquisa se concentra nas questões relacionadas à ética. Já publicou vários capítulos sobre a interseção entre cultura popular e filosofia, lidando com a exemplificação de questões morais em filmes, quadrinhos e séries de TV. Ele não tem medo de zumbis, mas tem medo de ser morto e comido por zumbis — por qualquer coisa, na verdade.

Christopher Robichaud é professor de ética e políticas públicas na Harvard Kennedy School of Government. Ele obteve seu Ph.D. no MIT.

Contribuinte constante da coleção Cultura Pop, Christopher ficou empolgado ao saber que *The Walking Dead e a filosofia* é o primeiro livro da série com um texto dele a ser lançado. Christopher gosta de zumbis do fundo de seu coração, mas prefere vê-los longe do coração dele. E até atuou em um longa-metragem que tem um zumbi entre os personagens principais, *The Dead Matter*. Ele adorou o fato de seu personagem ter sido o único a arrancar a orelha do zumbi. E também a pagar uma bebida para um zumbi. É sério.

Jason Southworth é aluno de pós-graduação na University of Oklahoma, faltando apenas entregar a monografia, e professor adjunto na Fort Hays State University, Hays, KS. Ele escreveu capítulos para vários livros sobre cultura popular e filosofia, como *Inception and Philosophy* e *Arrested Development and Philosophy*. Jason é o orgulhoso dono de uma cópia de *The Walking Dead*, Volume 1, autografada por Tony Moore, e de duas páginas da arte original de *Walking Dead* feita por Charlie Adlard.

Ruth Tallman é professora assistente de filosofia na Barry University, em Miami Shores, Flórida. Ela tem *fome de MIOOOLOS!!!* (E por isso não consegue pensar em uma biografia bonitinha para suas colaborações em livros de filosofia e cultura pop.)

Andrew Terjesen é Ph.D. em filosofia pela Duke University e atualmente busca o doutorado na University of Virginia School of Law. Antes disso, ele ensinou filosofia em Austin College, bem como na Washington and Lee University e no Rhodes College. Seus principais interesses filosóficos são: psicologia moral, história da ética, bem como a interseção entre a ética e o direito. Andrew escreveu sobre esses temas tanto em veículos acadêmicos quanto em outros livros da Coleção Cultura Pop, com artigos sobre *True Blood, Mad Men, Inception, Watchmen* e *Homem-Aranha*. Ele percebe a ironia de ter escrito um artigo sobre zumbis quando, na verdade, está estudando para virar vampiro

Este livro foi composto na tipologia Minion Pro,
em corpo 11 pt/15,9, e impresso em papel off-white
no Sistema Cameron da Divisão Gráfica
da Distribuidora Record.